紙に描いた「日の丸」

足下から見る朝鮮支配

加藤圭木
Kato Keiki

紙に描いた「日の丸」

足下から見る朝鮮支配

岩波書店

はじめに

朝鮮民主主義人民共和国のある海辺の町から

平壌《ピョンヤン》から二〇〇キロを超える道のりを経て、いよいよ永興湾《ヨンフン》が見えてきた。永興湾は、朝鮮民主主義人民共和国江原道《カンウォンドウォンサン》元山市に面した湾である。二〇一六年九月、私ははじめて同国を訪問し、平壌で数日を過ごしたあとに、元山に向かったのであった。同湾に面した東明《トンミョン》旅館で昼食を食べた。食堂の窓から遠く彼方を眺める。

この湾は、一九〇四～一九〇五年の日露戦争のときに、日本軍が占領し、ロシア軍との戦闘のための拠点とした。目の前に広がる海には、日本軍が砲台などを建設した島々があるはずである。私は、訪問の数年前から、日露戦争以降に進められた、日本によるこの地域の軍事基地化の歴史を調査してきた。今回の旅は、待ちに待った現地踏査ということになる。

私は、何度も地図とにらめっこしながら、この海の様子を想像してきた。インターネット上で手に入る人工衛星の画像も詳細に見てきた。また、日本軍の史料や永興湾に住んでいた朝鮮人が書いた記録を読み解きながら、研究してきた。現地に行ったことはないものの、この地域のことはそれなりにわかっているつもりになっていた。

しかし、いざ現地に立ってみると、方角もはっきりしない。「あのあたりに日本軍が砲台を築いた島

写真1　永興湾

が見えるはずだ」と探しても、見つからない。どうやら私が想像している以上に、永興湾は広かったのである。

その島は見えなかったが、それとは別に小さな島が一つすぐ近くに浮かんでいるのが見えた。小さな島までは通路（防波堤を兼ねたものかもしれない）がつながっていて、自転車が行き来していた。島には今も人が住んでいるようである。

「あんな島あったかな？」

その島のことは、これまで調べてきた史料の中で、関連する記述を見たことはなかった。衛星画像にはおそらく写っていたのだろうが、小さすぎて気にも留めていなかった。この島にも、かつて日本軍が上陸したのかもしれない。

私は、どこまで永興湾やその歴史を理解することができていたのだろうか。その小さな島は一例だが、史料や地図、衛星画像からは見えてこなかった世界の広がりに圧倒された。自分自身の想像力の乏しさを突きつけられたように感じた。

永興湾の次は、元山近くの集団農場を訪れた。農民の方々の生活の様子を見せてもらい、少し話をすることもできた。生き生きと農作業に従事する姿が印象に残った。ある方は家に招き入れてくれた。「これが私の子どもたちです」と写真を見せてくれた。

さらに、その後に訪問した金剛山《クムガンサン》では、九龍《クリョン》の滝まで出かけたが、往復の数時間の道のりを、ガイドの方とあれこれと雑談しながら歩いた。朝鮮の歴史・文化はもちろん、日朝関係や東アジアの国際情勢、さらには個人的な話まで、なんでも話した。ガイドの方が歌ってくれた金剛山の歌も印象に残った。

日本ではほとんど知ることのできない朝鮮民主主義人民共和国の人びとの姿。私はこれまで朝鮮半島の歴史を勉強してきたが、テレビなどで映し出されるステレオタイプなイメージが先行して、同国に生きる人びとの存在についてはほとんど見ていなかったことに気づかされた。

もちろん、短期間の訪問でわかることはわずかだろうが、地図や史料から見えなかった地域の様相と人びとの力強さに圧倒されたのだった。

国境を行き来する人びと

「この川を渡ったら、すぐそこが羅先《ラソン》ですよ。私もよく観光客を乗せて、朝鮮に行きます」

運転手さんが指差したすぐ先に、朝鮮民主主義人民共和国の羅先特別市の山々が見える（羅先は羅津《ラジン》・先鋒《ソンボン》という二つの地域が統合してつくられた。二〇〇〇年に羅先という名称がつけられた。先鋒は一九八一年までは雄基《ウンギ》という名称であった）。国境を隔てる豆満江《トゥマンガン》の川幅は想像より狭く、簡単に渡ることができそうである。

永興湾を訪問する一週間前の二〇一六年八月末、私は中国吉林省延辺朝鮮族自治州に来ていた。朝鮮

写真2　金剛山 九龍の滝

民主主義人民共和国と国境を接する地域である。ここは、一九世紀半ばから数多くの朝鮮人が移り住んだ地域でもある。中華人民共和国が建国されたあとには、前述の自治州となり、今でも朝鮮族が人口の多くを占めている。

運転手さんは朝鮮族で、今回、朝鮮との国境沿いを案内してくれている。羅先特別市の対岸から、咸鏡北道《ハムギョンブッド》の会寧《フエリョン》対岸まで、ぐるっと国境沿いを一日かけてまわった。

朝鮮民主主義人民共和国をここまで間近に見たのははじめてだったので、気持ちが高揚した。だが、それ以上に、延辺の人びとにとって、朝鮮とは、車で簡単に行き来できる「すぐそこ」であるということを感じられたのが新鮮だった。この延辺の旅は、その直後の朝鮮民主主義人民共和国訪問と並んで、非常に印象深いものとなった。

写真3　会寧から見た豆満江

それから三年後。二〇一九年六月、私はふたたび朝鮮民主主義人民共和国を訪れた。このときは平壌と咸鏡北道の清津《チョンジン》・会寧などを訪れた。平壌から清津までは約七〇〇キロメートルの距離である。平壌からは飛行機で清津近郊の漁郎《オラン》空港まで移動することになる。

平壌順安《スナン》空港で、漁郎空港行きの国内線に乗るために搭乗ゲートに並んでいたときのことである。前に並んでいたグループと、私のグループのメンバーが、話をする機会があった。前のグループは朝鮮族の観光客で、延辺から車で漁郎空港まで来て、そこから飛行機で平壌を訪れ、観光した帰りなのだという。日本に暮らしていると、このようなルートで延辺の人が平壌観光をしているという情報に触れる機会はほとんどない。こうした交流があることは考えてみればあたりまえのことだが、新鮮な印象を受けた。延辺の人びとにとって、平壌旅行は実に気軽に行けるものなのである。

飛行機に乗り込んで、二時間ほど。漁郎空港に降り立った。漁郎空港近くで見た海と空は実に青く、素晴らしい景色が広がっていた。

清津を経て、国境の町・会寧を訪問した。三年前に中国側から見た豆満江の対岸についにやってきたのである。豆満江はやはり非常に川幅が狭い。そして、国境といっても、ものものしい雰囲気があるわけではない。どこにでもあるような川である。

会寧で、歴史を展示した施設を見学したり、説明を聞いたりしてみると、この地域では近代以後、朝鮮の人びとがこの川を渡っていった歴史が語り継がれていることがわかった。日本が朝鮮を植民地支配した時代、朝鮮の人びとはこの川を渡って中国へ行き、そこで独立運動を展開したのである。この会寧の歴史を考えるときもまた、永興湾と同じように日本との関係を外すことはできない。

足下から歴史を考える

一九一〇年から一九四五年にかけて、日本は朝鮮半島を領土としていた。そうした事実については、学校でならったり、教科書で読んだりしたことがあるという人は多いだろう。また、特に、ここ数年、朝鮮半島の南側、大韓民国（以下、韓国）との間では、植民地支配の認識をめぐる問題がマスコミで大々的に報道されているから、耳にしたことがある人は少なくないだろう。

今、日本社会では、「日韓の歴史問題ってなんであんなにもめているの？」「韓国はなんであんなにしつこいの？」あるいは「北朝鮮はなんで日本を敵視しているの？」といった疑問を持つ人が少なくない。また、センセーショナルに報じられる日本軍「慰安婦」問題や徴用工問題については、「過激」な人たちがやっている「イデオロギー論争」であるように感じられるという人も少なくないだろう(1)。

日韓の文化交流の場面でも、さまざまな葛藤が生じている。たとえば、好きな韓国のアーティストが八月一五日に「光復節」(解放を記念する日)を祝うツイートをしているのを見て、戸惑いを覚えたという人もいるのではないだろうか。また、交流の現場では日韓両国のそれぞれの象徴として「日の丸」と韓国国旗「太極旗《テグッキ》」が使われることがあるが、「日の丸」に対して韓国人が植民地支配の歴史を理由に反発心を持っているということを聞いたことがあるかもしれない。SNSで「日の丸」の絵文字を使う人も多いが、特に韓国人の友人がいる人は気になるのではないだろうか。なかには、日本の国旗である「日の丸」に対して韓国人が反感を抱いていること自体、理解しがたいと感じる人もいるかもしれない。

また、歴史問題について「それほど重要な問題なのだろうか」と疑問に思う人もいるだろう。世界の歴史を振り返れば、大国が小国を支配したという事例は枚挙に暇《いとま》がないのだから、日本の朝鮮支配もそうした興亡の歴史の中の一つに過ぎないと考える人もいることだろう。

しかし、そもそもの問題として、その時代に実際になにがあったのか、植民地支配がどういうものだったのかをイメージできる人は少ないのではないだろうか。「韓国併合」とか「植民地」という言葉を知っていたとしても、それらは人間の生活とは無縁な、記号のように感じられているのではないだろうか。

例として挙げた「日の丸」についても、歴史問題と関係があると言われたところで、いまひとつピンとこないという人が少なくないだろう。それでは、かつての植民地時代、ソウルの街には「太極旗」ではなく、「日の丸」の旗がはためいていたと聞いたらどうだろうか。そのような状況下で、人びとがどのような思いを抱え、いかなる暮らしをしていたのかを想像してみる必要があるのではないだろうか。

私が朝鮮民主主義人民共和国を訪問して感じたのは、同国の社会や人間の営みに対する想像力が、私自身を含めて、日本社会では不足しているのではないかということだった。現在の同国に対する目線においてもそうであるし、歴史の問題をめぐっても同じことがいえるように思われる。

それは、朝鮮民主主義人民共和国との関係に限ったことではない。韓国と日本との間では多くの人が往来し（二〇二一年現在は新型コロナウイルス感染症の影響で大幅に縮小してはいるが）、交流もさかんだが、日本人の韓国に対する理解が十分に進んだとはいえない面がある。とりわけ、歴史についてはそうだろう。K―POPなど文化のことは語っても、歴史はなんとなく話しにくい。そんな空気が日本社会を覆っている。

私は、二〇〇五年から二〇〇六年にかけて韓国に一年間留学し、その後も毎年数回は訪問し、友人もいる。しかし、韓国の街を歩き、韓国の人びとと話すたびに、自分自身が知らなかった韓国社会の奥深さを感じさせられる。それは歴史についても同じである。

本書は、朝鮮民主主義人民共和国や韓国、延辺を訪問した経験を踏まえつつ、まず当時を生きた人びとの足下から植民地支配の歴史を見ていくことを目指す。たとえば、先に見た永興湾や会寧・延辺といった現場から、そこで具体的になにがあったのか、そのことはそこで暮らしていた人びとにとって、どんな意味を持ったのかを考えていくことにする。どちらかといえば、日本でほとんど知られていない朝鮮半島の北側の地域に重点を置いてとりあげるが、南側の状況にも触れることにする。

そうした一つ一つの現場に注目することを通じて、これから日本は朝鮮半島とどのような関係をつくりあげていくべきなのかを考えるうえでのヒントを得ることもできると思われる。

凡　例

・現在、朝鮮半島には、北側に朝鮮民主主義人民共和国、南側に大韓民国という二つの国家が存在するが、これらは元来一つの民族であり、現在に至るまで統一が追求されている。こうした歴史的経緯を踏まえ、「朝鮮」および「朝鮮人」は、朝鮮半島の地域・民族全体を示す用語として使用する。ただし、文脈によっては、南北をあわせた地域名として「朝鮮半島」も用いる。

・「韓国」は、国家の名称としての大韓帝国（一八九七〜一九一〇年）または大韓民国（一九四八年〜）を示すものとする。なお、大韓帝国期に関して論じる際には、政府や国家名としては「大韓帝国」「韓国」を用い、民族名・地域名としては朝鮮を使用する。

・大日本帝国において「内地人」と呼ばれていた者は、「日本人」と表記する。

・大日本帝国において「内地」と呼ばれていた地域は、「日本本国」と呼称する。「内地」には朝鮮などに対しての差別的ニュアンスがあること、また、「内地」の意味するところが「朝鮮内陸部」であるとの誤解を避けるためである。ただし、文脈によって、カギ括弧つきで「内地」を使った箇所もある。

・「鮮人」（朝鮮人）、「北鮮」（北朝鮮）、「南鮮」（南朝鮮）、「鮮内」（朝鮮内）などの差別的な用語は、歴史的用語として引用史料中においてはそのままにした。

・「朝鮮東北部」は、日本の植民地期の行政区画で咸鏡南道・咸鏡北道の両道（朝鮮王朝時代において、一八九五年の二三府制施行までの行政区画であった咸鏡道）を指すものとする。

・中国東北地方については、「満洲」と呼称する。

・現在の中国延辺地方は、朝鮮半島では「間島」と呼称されている。また、かつて日本側も「間島」と呼んでいた。本書では第二次世界大戦後終結後については「延辺」を用い、それ以前については「間島」の呼称を用いる。
・日本において「日本海」と呼ばれている海は、朝鮮半島では「東海」と呼称されている。名称については検討が求められる。本書では、便宜的に「日本海」の呼称を用いる。
・文献・史料からの引用にあたっては、読みやすさを考慮して、原則として旧字体を新字体にあらため、片仮名混じり文は平仮名混じり文にあらためた。拗促音は小文字にあらためるとともに、適宜句読点を補った。歴史的仮名遣いにより濁音が清音で記されているものについては、原則として濁音にあらためた。
・引用史料中、〔 〕で示したのは引用者による注である。
・朝鮮語、漢文、漢字・ハングル混じり文の文献については、タイトルなどを日本語に翻訳の上、著者名の前に＊をつけた。なお、『東亜日報』『朝鮮日報』『毎日申報』『朝鮮中央日報』『時代日報』『中外日報』は朝鮮語新聞、『皇城新聞』は漢字・ハングル混じり文であるが、煩雑になるので、＊は省略した。
・朝鮮語文献の引用にあたっては、日本語に訳した。漢文史料や漢字・ハングル混じり文も同様である。なお、読みやすさを考慮して意訳したものもあるが、その際にはそのことを明示している。
・文書の発信者・受信者は、「発信者→受信者」というように、矢印を利用して表記した。
・アジア歴史資料センターウェブサイト http://www.jacar.go.jp/ から閲覧した史料は、原則的に次のように記すことにする。まず、文書名・作成者・受信者・作成年月日などを記す。その上で、同センターサイトの「資料画像の利用について」(https://www.jacar.archives.go.jp/aj/www/doc/before_browse.html、二〇二一年三月二八日アクセス)に基づく表記方法で出典を示す。ただし、「資料画像の利用について」に基づく表記方法のみとした箇所もある。

• 韓国国史編纂委員会韓国史データベース http://db.history.go.kr/ からの引用は、同サイトの引用例にしたがって、書誌情報を示したうえで、史料のＵＲＬを記すことにする。その他、韓国のデータベースからの引用はこれに準じる。

目　次

地図 1　朝鮮全図(植民地期)

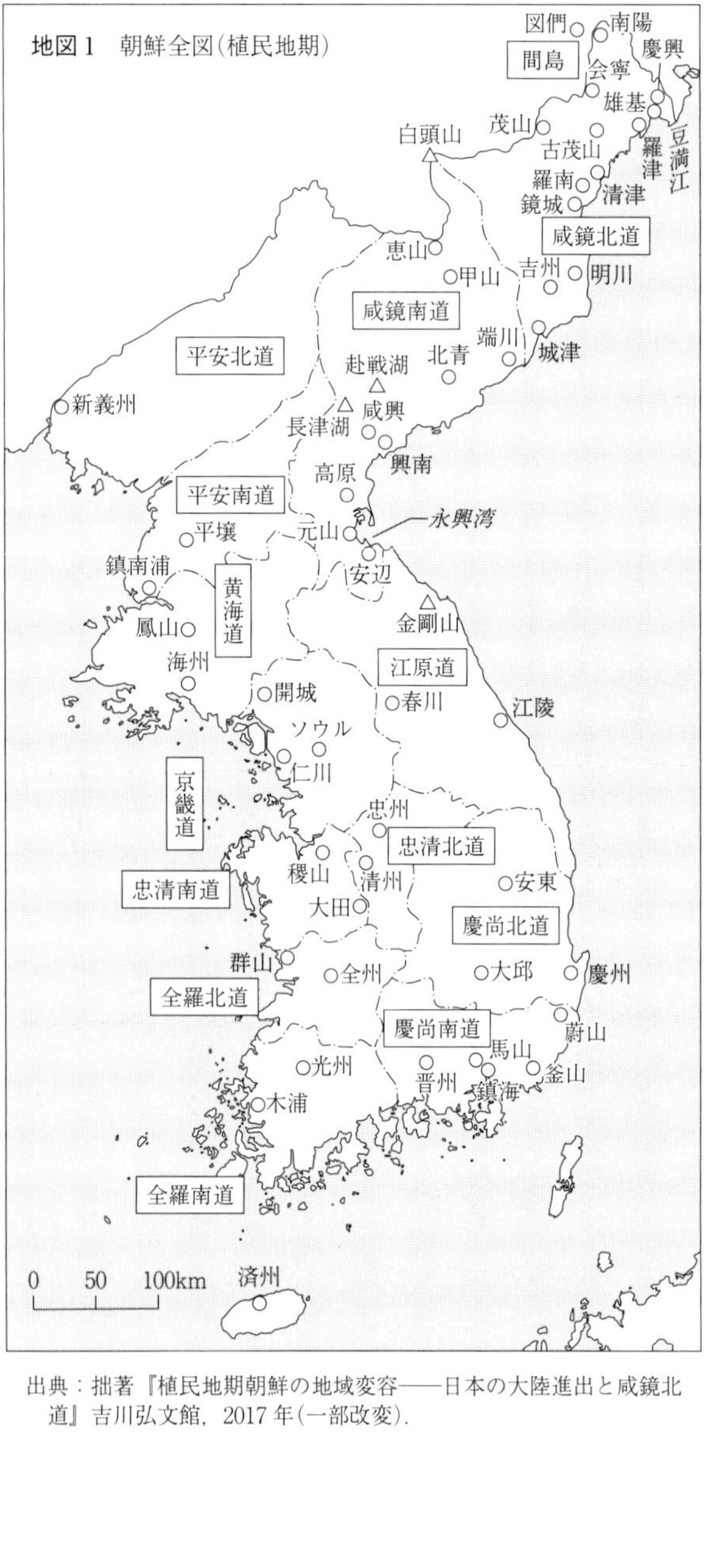

出典：拙著『植民地期朝鮮の地域変容——日本の大陸進出と咸鏡北道』吉川弘文館，2017 年(一部改変).

第一章　奪われた土地——日露戦争と朝鮮

カキ会社への怨み

本書の冒頭で紹介した永興湾《ヨンフンマン》周辺は、今、朝鮮民主主義人民共和国の中で、「国際観光都市」としての開発に力が入れられている地域である。風光明媚な場所であり、海水浴場もある。今後、ますますの発展が期待されているが、その歴史は決して平穏なものではなかった。

今から一〇〇年近く前の一九二六年五月八日午後、朝鮮東海岸の永興湾の虎島《ホド》半島にあるカキ養殖の会社で火事があり、工場などが全焼した。出火の原因は、暖房施設の不始末である。同社は横山喜太郎という日本人が経営していた。この火事について伝える朝鮮語新聞『東亜日報《トンアイルボ》』（一九二六年五月一七日付）は、「このカキ会社は、虎島島民の怨みの塊であった」と述べている。この新聞記事を書いたのは朝鮮人であるが、文章からは、住民たちの長年の怨みを書き残しておきたいという意思が感じられる。

「怨み」とは、どういうことか。実は、これより一〇年ほど前、一九一五年五月に、横山と同地の住民との間でカキ漁場の利権をめぐって「大紛争」が生じていたのである。(1)

この「大紛争」が起きたのは、日本の植民地支配下のことである。一九一〇年、日本がおこなった「韓国併合」によって、一三九二年の建国から数えて五〇〇年以上続いていた朝鮮王朝（一八九七年に大

地図2　日露戦争当時の永興湾

出典：陸軍省『明治卅七八年戦役陸軍政史(覆刻版)』第5巻，湘南堂書店，1983年(原本は1911年)，63〜64頁．

備考：①図では松田湾・永興湾がそれぞれ示されているが、両湾を総称して永興湾と呼ぶことが一般的である．
②点線の内側は日本海軍の収用地である．
③本書関連の地名を書き加えた．

韓帝国と国号を変えていた)は滅ぼされて、日本の支配下に入っていた(なお、永興湾や元山《ウォンサン》は現在は江原道《カンウォンド》に属しているが、植民地期は咸鏡南道《ハムギョンナムド》に属していた)。

虎島半島の朝鮮人はもともとカキをとることを生業としてきた。この島の住民たちは代表を選んで、朝鮮総督府(日本による朝鮮植民地支配を担った機関)にカキ養殖の許可を申請していた[2]。ところが、一九一三年に横山が朝鮮総督府からカキ養殖の許可を得たことにより、住民たちが請願していた漁場までも、横山の許可なくして採取できなくなったのであった。この事実については、憲兵が漁民たちを呼び出して伝えられた。当時、朝鮮では憲兵警察制度が敷かれていた(**→コラム1　二七頁**)。当時の朝鮮では、このように日本人側の利益を優先して、行政が運営されることが少なくなかった。少し後の一九一八年当時、横山の下には二五〇〇人ほどの漁民がいたとされ、横山が巨大な利権を得たことがわかる。(3)

横山による漁場の独占は、自分たちの漁業の場を奪う行為だとして、住民の李昇鳳《イスンボン》(この時点で四九歳と報じられている)・韓在衡《ハンジェヒョン》・李奉震《イボンジン》が中心となり、住民たちを集め、三〇〇人が抗議のために横山の事務所に押しかけた。横山が憲兵派遣所に逃げ込んだので、さらに人数は膨れあがり五〇〇人が詰めかけ、横山の引き渡しを要求した。これだけの大人数が結集したことからして、住民たちにとって重大な問題であったことが見てとれる。すると、日本海軍の元山守備隊一中隊が出動し、一〇〇人あまりの住民を検挙した。その後、李昇鳳は翌一九一六年三月に「騒擾罪《そうじょう》」で「懲役一〇カ月」の判決を受けた。これを不服として控訴したというが、その後のことはわからない。(4)

漁業権を獲得した日本人を憲兵派遣所が保護し、日本軍が直接的に漁民の運動を弾圧したことは、軍事的な支配がおこなわれていた植民地の現実を示している。この永興湾一帯は日本軍の要塞地帯となっており、特に軍事性の高い地域であった。後述するように、永興湾ではそうした地域的な特性のために、従来営まれてきた農業が大幅に制約され、漁業に依存するしかない状況であった。それにもかかわらず、漁業においてすら、日本人による支配が強まっていたのである。

横山喜太郎は、一八六五年長崎県生まれ。一八八四年釜山にわたり穀物商を営んだのちに、一八九二年元山へ移住し貿易業を営んだ。(5)一八九四年から永興湾でカキの養殖を開始したという。(6)その後一八九九年に、元山港よりさらに北に位置する城津《ソンジン》(現在の金策《キムチェク》)港が開港すると、横山をはじめとした日本人商人たちは「帝国政府御奨励の主旨を奉体して」城津に渡航して事業を営んだ。(7)横山たちは、日本の国策のために城津に進出したのである。

その後の横山は、永興湾に戻り、カキ養殖をおこなった(8)。軍事性の高い同地で漁業を営むには日本軍との結びつきが不可欠であった。実際、横山は、日本軍と密接な関係を有していた。横山は、一九一三年八月の採取物の乾燥場および事務室を建設するために、永興湾内の日本海軍用地の貸下を、現地の永興防備隊司令の太田原達に対して求めているが、これを太田原は認めている(9)。

このように横山は、日本の国策にしたがって、経済侵略を担い、日本軍とも密接な関係にあったのである。漁民たちが自らの生業をまもろうと立ち上がった際に、元山守備隊が弾圧した背景には、こうした横山の立ち位置があるように思われる。なお、一九二六年の火災のあとも横山の漁業支配は続いていった。

それでは、日本軍による永興湾一帯の支配は、どのように成立したのだろうか。話はさらに日露戦争の時代にさかのぼる(10)。

ある日、突然やってきた日本軍

一九〇四年二月の日露戦争開戦から約一年が過ぎた一九〇五年二月八日、虎島半島の中の美島《ミド》西里の里首(村のリーダー)が永興郡守洪淳旭《ホンスンウク》に対して、次のような報告をあげた。

本島は郡の中心部から隔たること五〇キロメートルあまりの地です。今月六日に日本の築城団長が軍人百余名を率いて本里にやってきて、まず小屋を数十戸つくり、辺り一帯を地ならしして道路工事をし、渡し場をつくりましたので、住民は呆然としてしまい、驚き、大変混乱した状況となり、散り散りとなってしまいました。[11]

虎島半島は、日本の軍人に突如として占領されたのである。人びとの当惑した状況が伝わってくる報告である。

日本軍による突然の占拠は、虎島半島だけではなかった。二月中旬には、永興湾の薪島《シンド》にも日本軍がやってきて、土地を占拠した。この地域の頭尊（村のリーダー）であった尹貞淳《ユンジョンスン》らの報告を見てみよう。

一九〇五年二月一四日に駐港の日本隊長が兵丁三名と日雇労働者九名を率いて本里にやってきて、頭民（村内の有力者）を招致しました。そこで、日本軍の隊所に出向いたところ、隊長は「この島内に外艦の防御のために、砲台基地を経営しようとするので、おまえたちはこのことをよく理解しなさい」と述べました。そして、里民・朴烈守《パクヨルス》の畑の四日耕（牛一頭で四日耕作する分の面積）の左右に標識を立てました。その後、二月一六日に日本の兵丁が日雇労働者九二名を率いてやってきて、各民田および島嶼《とうしょ》で道の整備のために、標識を立てました。（中略）そして、日本人が一時居住することなどにあたっては、日本側が要求するところにしたがって一〇軒の家を供給しました。損害を受けた島民が、この思いもよらない出来事によって、一朝に住処を失い、落ち着かず混乱していますが、どのようにして保護すべきでしょうか。[12]

こうした混乱した状況を報告し、尹貞淳は郡守に指示を仰いだのであった。

この報告を受けた徳源《トグォン》郡守李鍾完《イジョンワン》は自ら調査したが、島民の訴えるところと違いはなかった。そこで同郡守は日本軍の元山守備隊の司令部を訪れて理由を問うた。日本軍は、「該島内の民家に兵隊が居住することと、畑と山に標識を立てて道を切り開くことは、軍事上に関わることであって、またこれは外艦の防御のためである」と述べたという。郡守は抗議の意図を込めて問い合わせたと思われるが、日本軍は全く聞く耳を持たなかったのである。

もう一つ、味島《ミド》の尊位（村のリーダー）の鄭雲鳳《チョンウンボン》らの報告を見てみよう。


私たちの村は都会から遠く離れた海の隅にあり、人家が一二〇戸です。田畑はみな山中にあり、痩せています。住民はみな、柴商を生業としており、若干の漁業によって生活しています。二年ほど続く不作によって、人びとが散り散りになる中で、不意に今月〔二月〕一二日の夕方ごろに、日本大将が兵丁一〇〇名あまりを率いてこの村にやってきて、数多《あまた》の雑物を運んできました。そして、一七日から、この村の西里に軍幕を設置し、家の材木を船で運搬してきて、掘っ立て小屋を一〇カ所ほど新築しました。さらに、日本人役夫一〇〇名あまりを率いてきて、この村の四方に標木を立て、山路を新たに開く作業を夜通しでやりました。そして、この村の後山に砲台を設けるために、さまざまな機械を運び込み、また工事をおこないました。かつ、我が国の人夫数千名がにわかにやってきて、この村はいわば人海のようになってしまったため、島の住民たちはみな驚き、家を棄てて逃げる人がほとんどです。(13)

島の生活が一変した様子がよく伝わってくる。「人海」とは、人があふれる様子を海に例えた言葉であるが、もともと一〇〇戸程度しかなかった島は、大変な混乱状況に陥ったのである。

このように永興湾の島々において、日本軍は土地を占拠し、軍事拠点の建設をはじめた。それでは、永興湾は日露戦争の中で、日本の軍略上どのように位置づけられていたのだろうか。

日露戦争と朝鮮

ここで日露戦争の展開を、特に朝鮮との関係に重点をおいて、見ておこう。

日露戦争開戦前、朝鮮では光武《クァンム》改革と呼ばれる独立を維持するための政策がとられていた。皇帝と宮中勢力らの主導下に、量田、通信機関の拡張、地方への部隊配置増などの軍備拡張、鉄道建設や中央銀行設立の試みなどが展開されていたのである。

一方、日本側ではこうした朝鮮の動向を無視して、朝鮮を排他的支配下に置こうとする議論が強まっていった。日本は一九〇三年八月以降、ロシアとの間で、満洲・朝鮮の勢力分割をめぐって交渉したが、両者は折り合わず、一二月には日本は対露開戦を決意したのである。ロシア側は、朝鮮における日本の政治勢力の制限、日本による朝鮮の軍略的使用の制限を主張していたが、日本側は軍事面を含めて朝鮮をその「勢力圏」「従属国」とすることを譲らなかったのである[14]。日露戦争における日本の目的は、朝鮮を支配することにあった。

日露開戦に先立つ一九〇四年一月二一日、韓国政府は侵略されることを回避するために局外中立宣言をしていた。しかし、日本軍は、これを無視して、二月六日朝鮮の鎮海湾《チネ》と馬山《マサン》電信局を占領した。これが日露戦争における日本軍の軍事行動のはじまりであった。(15) さらに八日には仁川《インチョン》より上陸し、朝鮮の首都であるソウルを制圧した（ソウルの地名は、「韓国併合」前は漢城《ハンソン》であったが、植民地期には日本側が「京城《けいじょう》」という地名を強制した。本書では、時期にかかわらず、ソウルと呼ぶことにする）。

次いで、二月二三日に日本側は韓国政府に「日韓議定書」の締結を強制した。これは日本による朝鮮の主権侵害を認めさせようとするものであった。「日韓議定書」の第一条は、「施政改善」に関する日本政府の「忠告」受容を強制的に承認させ、内政干渉を正当化した。さらに、第四条は、次のように述べていた。

第四条　第三国の侵害に依《よ》り若《も》しくは内乱の為め大韓帝国の皇室の安寧或《あるい》は領土の保全に危険ある場合は大日本帝国政府は速《すみや》かに臨機必要の措置を取るべし。而《しこう》して大韓帝国政府は右大日本帝国政府の行動を容易ならしむる為め十分便宜を与ふる事。
大日本帝国政府は前項の目的を達する為め軍略上必要の地点を臨機収用することを得る事。(16)

第四条第一項において、日本は朝鮮内における軍事行動と韓国政府の便宜供与を認めさせた。さらに、同条第二項において、軍事的に必要な場所を日本が収用できるとした。この土地収用の規定こそが、先に見た永興湾の土地を占領する際の「根拠」とされたものである。この規定は、朝鮮の主権を否定するものであった。

なお、「日韓議定書」第三条は、「大日本帝国政府は大韓帝国の独立及領土保全を確実に保証する事」としているが、(17)すでに見たように日本自らが朝鮮の主権を踏みにじりながら、「独立」や「領土保全」を謳ったところで、なんら説得力がない。「独立」などの美辞麗句は、日本側の建前に過ぎず、日本側の真意は朝鮮を支配することにあった。

この「日韓議定書」は、日本軍がソウルを軍事占領する中で結ばれた。日本側は「日韓議定書」に反対する有力な政治家（李容翊《イヨンイク》）を拉致して日本に送るなどの行為にまで及んでいる。「日韓議定書」は強圧によって押しつけられたのである。まして、日本側は、これ以前にも日清戦争の際に朝鮮王宮を軍事占領（一八九四年）してクーデターを引き起こし、また王宮に突如として入り込んで朝鮮王妃（明成《ミョンソン》皇后）を殺害するなどの行為（一八九五年）を繰り返してきた。こうした経緯から、朝鮮側は日本側を全く信用することはできなかったであろうし、圧迫を感じたのは当然のことである。

「日韓議定書」後、日本側は、軍事支配を強めていく。一九〇四年三月には韓国駐箚《ちゅうさつ》軍を創立し、駐箚憲兵隊とともに朝鮮支配にあたらせた。韓国駐箚軍は、七月二日に軍用鉄道・電信線を破壊する者を死刑に処する「軍律」を主要鉄道・電信線沿線に公布した。七月九日には韓国駐箚軍は処罰対象を鉄道・電信線以外に対する行為にも拡大し、「韓国一円」へと施行範囲を広げた。朝鮮人は日本の侵略戦争を妨害するために、軍用鉄道や電信線を破壊する形で抵抗を繰り広げたが、日本軍はこれを軍事力によって徹底的に取り締まったのである。二国間戦争を意味する「日露戦争」という言葉からはなかなか想起されにくいが、朝鮮人に対して日本軍が牙をむく——これが日露戦争の本質であった。

それでは、日露戦争の展開を確認していこう。一九〇四年二月八日の開戦以後、日本軍は満洲に第一軍・第二軍を向かわせた。第一軍は、仁川及び平壌《ピョンヤン》沖から朝鮮に上陸し、平安道《ピョンアンド》を北上していった。そして、五月頭に鴨緑江《アムノッカン》渡河作戦を実施した。第二軍は、海上より同じく五月頭に遼東半島上陸を実施した。

これを受けて、五月三〇日の元老会議と三一日の閣議で、「帝国の対韓方針」と「対韓施設綱領」が決定され、六月一一日には天皇が裁可した。後者は朝鮮植民地化を推進するための具体的プランであり、戦後も軍隊を駐屯させるとともに、外交・財政の監督、交通・通信機関の掌握などを目指す方針を立てた。(18) そして、この方向で政策は進められ、八月には「第一次日韓協約」を朝鮮に押しつけ、日本政府の推薦する日本人を財政顧問、外国人を外交顧問として韓国政府に傭聘《ようへい》させるなど、内政干渉を強めていった。

日本は開戦当初、永興湾が位置する朝鮮東北部(咸鏡南道・咸鏡北道《ハムギョンブッド》)の戦線において、元山(永興湾沿いに位置している開港場である。一八八〇年に開港し、日本人居留民も多かった)へと日本軍を増派し同地の占領を確実にするとともに、元山以北からは居留民などの日本の勢力は撤退する作戦をとった。日露戦争において、主戦場は満洲方面であり、朝鮮東北部は日本側にとって相対的に重要性が低かったので、元山のみを確保する戦略をとったのである。沿海州に駐屯していたロシア軍は朝鮮東北部へと南下し、元山以北を占領した。

こうした中で、一九〇四年四月に元山港に停泊していた日本の船舶がウラジオストク艦隊に撃沈され、また六月にも同艦隊によって同港内の船舶が撃沈され日本居留地が砲撃されるという事件が発生した。(19) 朝鮮東北部は日露の主たる戦場ではなかったが、日本にとって同地域の動向は完全に無視できるものではなかった。その後、日本海軍は、一九〇四年八月の蔚山《ウルサン》沖海戦においてウラジオストク艦隊を破った。これによって海上からの攻撃のリスクが相対的に低下したことを受けて、日本側は朝鮮東北部を北上し徐々に占領地を広げていった。しかし、日本軍は、一九〇五年五月の日本海海戦以前においては、日本海の制海権を完全に確保したとはいえない状況にあり、海上からの攻撃をいかに防ぐのかということが依然として重要であった。また、朝鮮東北部を北上していく上での拠点が必要とされた。永興湾の軍事基地は、以上のような情勢の中で必要とされ、前項で見た永興湾の軍事占領が引き起こされたのである。

日露戦争下の土地略奪問題

「日韓議定書」の第四条を利用して、日本軍は軍事的に必要な場所を収用していくことになる。韓国の研究者のソン・ジヨンによれば、日本が朝鮮で日露戦争以降におこなった土地収用は、次の四つに分けることができるという。[20]①「日露戦争の開始とともに日本陸海軍によって砲台、電信所などとして占有された主要沿岸および島嶼地域」、②「京義線、馬山線などの軍用鉄道用地」、③「韓国駐箚軍の主導で行われた主要都市ソウル（龍山《ヨンサン》）、平壌、義州《ウイジュ》地域の兵営敷地」、④一九〇五年の「保護国」化（日本は朝鮮の外交権を奪い、統監府を設置した）以降の「鎮海湾、永興湾の軍港化のための軍用地」である。

先に見た永興湾の軍事占領は、①にあたるものであろう。それが④へと発展していくわけだが、永興湾については、あとのところで詳細に検討することにする。まずここでは、日露戦争下の土地問題の全体像を理解するためにも、ソウルの事例を通して③について検討しておきたい。[21]

日露戦争下、ソウルを舞台として日本による土地略奪をめぐって大きく二つの問題が展開されていた。

一つは、ここまで見てきた「日韓議定書」第四条による軍用地収用問題であるが、永久兵営の建設を目的としてソウル南部の龍山という地域で軍用地の収用がおこなわれた。永久兵営建設は文字通り、朝鮮を永久に支配することを前提に進められた事業であり、朝鮮の人びとは大いに抵抗したのであった。そして、もう一つは、軍用地とは全く別のものではあるが、日本側が提起した「荒蕪地《こうぶち》開拓」という名の朝鮮全域に対する土地略奪計画に関わるものである。この計画への反対運動は全国で起こされたが、特にソウルにおいて極めて強力な闘争が展開された。前者はソウル内部の土地収用問題、後者は朝鮮全体の土地略奪問題に対するソウルの住民たちの反対闘争であるが、この二つは同時期に展開されている。ただし、これまでの研究ではこの二つは別々に論じられてきた。ここでは両者を統合しながら、日露戦争下においてソウルで問われた土地略奪問題とはなんだったのかを見ていきたい。

まず、後者の「荒蕪地開拓」による土地略奪問題について見ていこう(22)。一九〇四年六月六日、朝鮮駐在日本公使林権助《はやしごんすけ》は、韓国外部大臣李夏栄《イハヨン》に対して、朝鮮の「諸道に散在する土地山林原野其他一切の荒蕪地の開墾整理改良拓殖等一切の経営を長森藤吉郎《ながもりとうきちろう》に委任す」ることを要求した(23)。長森は、一八六一年生まれ、佐賀県出身の官僚・実業家である。帝国大学を卒業し、東京地方裁判所検事正となり、辞職後一九〇一年には大蔵省官房長となるが、これも一九〇三年に辞職。その後この「荒蕪地開拓」にとりくむことになった。日露開戦前に朝鮮に渡り、朝鮮の土地の「開発」に関心を示した長森は林と協議し、軍事力をバックにそれを実現することで一致した。日露戦争開戦後、日本側が朝鮮への内政干渉を深める中で、ついに長森の提案が日本政府の方針として実行に移されたのが、六月六日の要求だったのである。

六月六日の林の要求について、内容を検討してみよう。「荒蕪地開拓」とは、朝鮮の土地を日本側が略奪するための正当化の論理である。すなわち、朝鮮の「荒蕪地」すなわち未開墾地を「開拓」するとの建前によって、広大な土地を長森の手中に収めようという計画であった。「未開墾地」には、人びとが共同で利用している山林なども含まれる。

なお、日本側では軍事力によって所有権そのものを奪ってしまうという案も検討されたようであるが、それは採用されなかった。その背景には、当時、朝鮮が外国人の土地所有権を認定していなかったことがある。仮に日本側が朝鮮に外国人の土地所有権を認めさせるために条約を改正させた場合、それ以外の諸外国にもその権利が均霑《きんてん》(国際法上、他国と同一の利益を受けること)されてしまい、日本だけの独占的な土地の略奪ができなくなってしまうことが憂慮されたのである。そこで、土地経営を「委任」するという形をとることによって、事実上の土地の略奪を目指したのである(なお、日本人を含む外国人の土地所有は、その後日本の侵略が進展し、その下でつくられた一九〇六年の土地家屋証明規則で認められた)。

日本側の要求に対して、朝鮮側では反対運動が展開された。要求の直後には排日の檄文《げきぶん》が全国一三道にまかれた。さらに、かつて内部大臣などをつとめた李乾夏《イゴンハ》は、山多く野少ない朝鮮では、「荒蕪地」は実に全国の三分の二を占めているのであり、三分の二を人に割って付与することが、どうして我慢できようか、と主張した。ほかにも、広範な人びとが反対運動を繰り広げたが、その論理は、次のとおりであった。

一、日本人は開墾を以て該荒蕪地を占領する者なる事。

一、民有の山林又は是まで草刈松葉拾を以て生業となす韓人の職を奪ふ事。
一、日本人は名を荒蕪地の開墾に籍《かり》〔ママ〕て実は殖民政策を行ふ事。(24)
一、開墾の為め多くの日本人入来し、地方の治安を害する恐ある事。

以上の動向を受けて、韓国政府は一九〇四年六月二九日に正式に日本側の要求案を拒否した。これに対して、日本側は「荒蕪地開拓案弁妄書」なるものを作成し、七月五日前後には朝鮮側の大臣の説得工作をおこなった。

こうした中で朝鮮側は、「荒蕪地開拓」と「鉱山開発」を目的とする農鉱会社を七月一一日に設立した。この会社の株主は全員が朝鮮人で、日本人は株主になることができなかった。日本側の「荒蕪地開拓」要求に対抗する動きである。これに対して、日本側はイギリスなどの力を借りて、韓国政府に圧力をかけた。

朝鮮側の反対闘争はさらに盛り上がることになった。ソウルは「益々擾乱の度を強く」したという。(25)ソウルでは、宋万秀《ソンマンス》が中心となって輔安会と呼ばれる組織が結成され、鍾路《チョンノ》（ソウル中心部の大通り）に事務所をかまえ、反対運動が繰り広げられた。七月二〇日頃には、全国からソウルに人が集まり、「二千名に近かく街上に蹲踞《そんきょ》し、電気鉄道は為めに運転を中止するに至る」といった状況になった。(26)なお、排日運動は地方にも拡大をとげていった。

日露戦争の勝敗の行方はいまだにわからない時期である。作戦の背後地であるソウルをはじめとした地域において、これだけの広範な反対闘争が繰り広げられたのであり、日本側にとっては重大な危機と認識されることになった。日本側は、一九〇四年七月二一日、「治安維持」を理由としてソウル内外に「軍事警察を執行」することを、朝鮮側に対して通告した(27)。二五日、朝鮮側はこれを拒絶したが(28)、日本側は方針を曲げなかった。

朝鮮の学者である黄玹《ファンヒョン》は、『梅泉野録《メチョンヤロク》』でこの頃の様子を次のように記録している（一九世紀後半から一九一〇年までの記録をおさめた野史。黄玹は「韓国併合」に痛憤し、服毒自殺した）。

倭人〔日本人〕は保安会〔輔安会〕を悪《にく》んだ。保安会が設立されて以来、都民は連日鍾街〔鍾路のこと〕に集まり、これを喩《さと》しても解散しなかった。倭人は派兵して、〔輔安会の〕会所に闌入《らんにゅう》し、刀を振るって示威し、会員李範昌《イボムチャン》等四、五人を囚《とら》えた。ここに至って、群衆は怒った(29)。

日本側は、その後も「荒蕪地開拓」案を飲ませることを要求し続けたが、強力な反対運動に直面する中で、九月末に至り、「荒蕪地開拓」案を撤回した。反対運動によって仮に韓国政府において政変が起きた場合、日露戦争の作戦に大いに影響があると判断したためである。いまだに勝敗が決していないという戦時状況にあって、日本側は当初の意思を貫徹し得なかったのである。

なお、日本側はこの挫折から三年後の一九〇八年に、国策会社である東洋拓殖株式会社を設立しているが、これは「荒蕪地開拓」案が形を変えたものである。もちろん、三年の時間の経過によって朝鮮侵略はさらに深まっているので、「荒蕪地開拓」案とは同様ではないものの、日本側は土地略奪を進めていったのである。なお、その後、日本は一九一〇年から「土地調査事業」などを遂行し、日本人地主を頂点とする植民地地主制をつくりだす。東洋拓殖株式会社は巨大地主として君臨することになる（↓コラム4　一三三頁）。

以上、「荒蕪地開拓」案を見てきたので、次にもう一つの問題、ソウルの龍山における軍用地問題について検討しよう。在京城（ソウル）日本領事の三増久米吉は、漢城判尹金奎熙《キムギュヒ》に対して、一九〇四年八月半ば、すなわち「荒蕪地開拓」案への反対運動が続く最中に、「我が軍用地域の収用に関して、別紙の如く告示を発するので、近日中に本館員を派遣して、貴府官吏と立会調査をすること」との要求を行った[30]。このとき、日本の軍用地収用の対象とされたのは、ソウルの南大門《ナムデムン》外から漢江《ハンガン》に至るまでの地域であり、実に広大であった。

金奎熙からこれについて報告を受けた大韓帝国外部大臣李夏栄は、日本公使林権助に対して、次のように抗議した。

> 貴国はロシアと開戦以後、貴国の将卒〔将校と兵卒〕は武を奮い威を揚げ、海においては西で旅順を封鎖し、北でウラジオストクの自由を奪い、陸においては遼東半島をほとんど占領し、断じてロシア軍の闖入《ちんにゅう》するところはない。すなわち、漢城〔ソウル〕一帯を顧みると実に軍用の必要はない。かつ、南門〔南大門〕から漢江に至る間の地域は非常に長く広く、一挙に収用することは、ことに甚だますます混乱することである[31]。

ロシアとの戦争を遂行するうえで、日本軍がソウルの土地を占拠することは、全く説明がつかないとの批判である。

これに対する返答はないまま、日本側は土地収用を開始した。前の要求にあった「立会調査」はもはや考慮されなかったようである。八月一六日から二八日にかけて、日本の軍人は当該地に標木を立てていったのである。

このときの様子を、学者の黄玹が著した『梅泉野録』は、「倭人〔日本人〕、崇礼門《スンネムン》〔南大門〕より漢江に至る区域をさだめて、軍用地という。標〔しるし〕を立てて境界を定め、我人に犯すなかれと禁じた。これ以降、欲しいところがあれば、たちまちに軍用地といってこれを奪った」と記録している。(32) 日本側の動きに対して、八月三一日に外部大臣署理〔代理〕・尹致昊《ユンチホ》は「現在漢城一帯は自ずから軍用の必要は無し。すなわちどうして貴国軍隊は広く土地を占領し、それを止めることを知らないのか」と再度抗議した。(33)

朝鮮全土を対象とした「荒蕪地開拓」案はあくまでも案であり、実行には移されていなかった。そうした中で、それとは別に、首都ソウルで実際に軍用地として標木を立てて収用する動きが進んだことは、ソウルの人びとの怒りと危機感をますます強めたことであろう。

林権助は九月二〇日、外部大臣李夏栄に対して、軍用地として収用するために標木を立てたことについて、将来収用すべき土地があることを総括的に指示して、内外人の転売などを禁止するものであったと説明した。そして、実際に収用する土地は標木内の必要な土地に限るものであり、一部に過ぎないとした。(34) 明らかなトーンダウンである。

前述のとおり、「荒蕪地開拓」案は九月二七日に撤回されたが、軍用地収用問題で林がトーンダウンしたのは、これと軌を一にする動きと見るべきであろう。「荒蕪地開拓」案反対運動が盛り上がる中で、ソウルにおいては軍用地収用の進行をある程度おさえることができたのである。

しかし、一九〇五年五月の日本海海戦を経て、ロシアとの戦争における日本側の優勢が明らかになるにつれ、日本側はふたたび軍用地収用を目指していく(35)。

一九〇五年八月九日、龍山地域に対して一方的に、日本軍司令部より告示がなされた。設定された収用地内の家屋、墳墓、植物などを移転し、補償金は後日韓国政府の内部（内務省にあたる）から受領するように指示し、万一、これにしたがわない場合は強制的に撤去するとした（補償金は一〇〇〇万坪あまりに対して二〇万円だったとされ、これに対する不満も強かったという）。

この頃の様子を政治家・学者の金允植《キムユンシク》は次のように記録している。

日本人は西氷口《ソビング》・屯之米《ドゥンチミ》、利泰院《イテウオン》（梨泰院）等の十二洞に、軍用地として標識を立てた。（中略）日本軍に追い払われた各洞の数千の民は、一朝に家を無くし田を無くし、道路で号泣した。掘り暴かれた墓は百数十である。万民の怨みは天に達するほどである(36)。

さらに、金によれば、人びとはこうした状況を招いたとして、韓国政府内部に投石するなどの抗議運動をおこし、内部大臣李址鎔《イジヨン》は逃げ出したという。そして、日本の憲兵がやってきて弾圧し、発砲に至り、多くの人びとが傷を負ったという。朝鮮側新聞（漢字・ハングル混じり文）の『皇城新聞』（一九〇五年八月一〇日付）もまた、住民たちが抵抗と騒擾をおこしたが、韓国駐箚軍（日本軍）によって強制鎮圧されたことを記している。

日本軍による軍用地の収用に便乗して、日本人が土地を得たケースもあったようである。(37) 一例として、一九〇五年五月、ソウル在住の日本人の間で「京城遊廓」を設置することが決定され、場所は双林洞《サンリムドン》(のちに新町とされる)とされた。遊廓とは、貸座敷(性買売がおこなわれた)が置かれた区画のことである。土地買収の担当者たちは、土地所有者である趙東潤《チョドンユン》に土地を売却するように交渉したが、拒否された。そこで担当者は策を練り、趙に次のように述べたという。

実は今回日本軍の厩舎建設用地として、此の附近一帯を買収するとの噂あり、其の時に若しも買収交渉に応ぜざれば、更に日本公使館より、正式に韓国政府に交渉し、龍山の如く無償にて収用する事となるべく、斯《か》くては否も応もなく、多大なる迷惑と損害を蒙《こう》むるに立ち至るべく、其の時に至り何程安価に売却せんとするにも、一旦法律の裁断に拠りたるものは、奈何《いか》んとも致方《いたしかた》なかるべく、此際買収に応ずる方可ならざるや。(38)

龍山のようになりたくなければ、今のうちに売った方がいいと脅迫して、買収を成功させたのである。なお、龍山の軍用地の場合は、前述のようにごくわずかな補償があったようではあるが、日本人側が「無償」と認識していることは興味深い。なお、日本が朝鮮に遊廓などを持ち込んだことの歴史的意味については、第三章で触れることにする。

以上のように、一九〇四年夏の反対闘争によって、いったんは日本側の土地略奪を阻止したものの、一九〇五年夏に至り暴力的に軍用地としての略奪が進められていったのである。

なお、龍山で収用された土地は、その後、植民地期には日本軍の第二〇師団の司令部が置かれることになった。そして、解放後の韓国では、日本軍の跡地を利用して、米軍基地が置かれたのである。

永興湾の軍事基地建設と住民

話を永興湾に戻すことにしよう。まず、同湾が日本によって軍事的にどのように位置づけられたのかを確認しておこう。前述したように日本陸軍は一九〇五年二月より同地域において土地を占拠して築城を開始し、五月に永興湾要塞司令部を設置した(39)。また、日本海軍は同地において、同年二月一三日に佐世保鎮守府司令長官の隷下である元山防備隊を編成した(40)。さらに同年七月一三日、永興湾要塞司令官は、韓国駐箚軍軍律第七条に基づいて永興湾要塞軍律を発布した(41)。そして一九〇六年八月一六日に、統監伊《い》藤博文《とうひろぶみ》(統監は、一九〇五年の「保護国」化以後、朝鮮を支配した責任者)は鎮海湾と永興湾に軍港を設けることを求め、両港を日本が使用することを要求した(42)。これを受けて八月二一日、日本の「保護国」下の韓国政府は鎮海湾と永興湾を軍港と為す予定であることを告示した(43)。「韓国併合」後の一九一一年一月一日より、永興は日本海軍の要港とされた(44)。

それでは、以上のような軍事基地の建設過程を振り返っていこう。まず、一九〇五年二月に突如として占拠された永興湾の島々は、その後どうなったのだろうか。

日本軍による占拠に伴い、多くの人びとは離散を余儀なくされた。突然の占拠から八カ月が過ぎた同年一〇月二四日、永興郡守洪淳旭《ホンスンウク》は日本軍による被害状況を外部大臣朴斉純《パクジェスン》に報告している。それによれば、軍事基地建設の中心となった永興郡の美島にある三里ではもともと一二一戸があったが、八六戸が離散し、現存は三五戸に過ぎない。また、道路が建設された同郡の元平《ウォンピョン》里では八二戸中七六戸が離散を余儀なくされ、六戸のみになってしまった。他方、それ以外の里において人びとは引き続きとどまっていたようである。(45)日本軍による島々の占拠は、地域によっては住民の大半を追い出すほどに強権的に進められたのである。

ところで、一九〇五年二月の日本軍による永興湾の島々の占拠は、ロシアとの戦闘中ということを考慮して、非公表とするべきであると日本軍が判断し、秘密裏に進められていた。つまり、日本軍がただ一方的に土地を占拠しただけで、正式に買収するなどの手続きはとられていなかったのである。しかし、徐々に日本軍が朝鮮東北部を北上していく中で、永興湾の土地を正式に日本側が領有することが目指されるようになっていった。これにより、土地を安定的に確保しようとしたのである。土地の買収は、主として一九〇五年四月から七月にかけて実施されたようである。また、同年一二月から一九〇六年にかけても、追加で土地の買収が実施されたようである。(46)

ここでは、永興防備隊司令の太田原達が作成した文書「用地経営に関する意見」(一九一二年)をもとに、土地買収や軍用地管理の様子を検討していこう(以下、太田原意見書とする)。(47)一九一二年の時点で一九〇五年以降の軍用地の様子を振り返ったこの文書には、永興防備隊主計長として勤務(一九〇九年一一月～一一年四月)した横見大が閲読した上で、附箋が貼り付けられ、横見の意見が示されている。太田原の意見は、かつての日本海軍の行為を批判的に記述しているものである(誤解のないように述べれば、太田原はより効率的に支配するために過去の政策を批判しているのであって、植民地支配そのものを否定する立場ではない)。

それゆえに、慎重を期して関係者である横見のコメントを附す措置がとられたのであろうが、このことにより軍用地の実態について多くのことを知ることができる(以下の永興湾の軍用地に関する記述・引用の典拠は、注記しないかぎりは太田原意見書である)。

太田原意見書によれば、軍用地として占拠した土地においては、特にすぐに利用する予定がない土地も多く含まれていた。そして、そうした場所においては、引き続き住民に居住や耕作などを許可するということにし、そのことを条件に土地を低価格で買収したという。日本軍が居住を許可した理由としては、住民を人夫として利用するという目的もあった(48)。

この措置によって、一部の住民は引き続き居住・耕作ができることになったものの、日本軍の都合によっていつでも土地から追い出されかねない状況となった。また、生活にはさまざまな制限が課された。朝鮮では暖房用の燃料として樹木を利用するが、軍用地内に居住した人びとは、樹木の伐採を厳しく制限されていた。永興湾では「指定区域」を設けて、茅草および周囲七寸(約二〇センチメートル)以上に成長した松樹の下方の枝に限って伐採を認めたが、それ以外は禁止し、違反の場合は刑法によって処分するか、または日本軍用地より立退かせるとした(49)。実際、時期は不明であるが、「立木伐採の禁令は厳達しあるに拘《かかわ》らず、往々盗伐者あり。偶々《たまたま》巡視の際盛《さかん》に盗伐中のものを発見したるため、一名を連行し松樹に縛したることあり」といったように、厳しく弾圧された(太田原意見書に添付された横見の補足文)。

以上の条件は極めて不当であるが、住民たちはすでに日本軍によって圧迫される中で、当面生活を維持するために軍用地で生活するしかなかった。ほかに行くところがない住民も多かったし、先祖の墓があるから土地を離れられないという人もいた(50)。

日本軍は、こうした住民たちのギリギリの生活を、さらに圧迫していく。当初、居住と耕作は無償で認められていたが、一九〇九年一月一二日にはそれを転換し、永興湾の軍用地の土地の貸下料を徴収することが決定された。そして、そこで決められた一年あたりの「借地料」は、かつて日本海軍が支払った買収価格よりも高額だった。そもそも、自分たちが暮らしていた土地である。一方的に低廉な価格で軍用地とされただけでも大問題であるが、ついにはその「借地料」を払えと命令されるという矛盾した状況となったのである。

一九〇九年一二月一日、「借地料」の納入告知書が各里村に送られた。これに対して住民たちは、このままでは「生活の途絶」をもたらし「餓死」してしまうとして、「借地人と否とに論なく住民一同之が低減の運動」に動き出した。「各村頭民及尊位は之が運動委員に撰定せられ、寝食を忘れて昼夜随所に会合し、鳩首其善後の方案を講究し、遂に具状書を携へ司令に面会を求めて親しく状を具せんことに決し、有志挙て八十余名袖を連ねて来集」したという。しかし、日本軍側は面会には応じず、住民を追い払った。住民は一カ月余り粘り強く運動にとりくみ、元山理事庁（一九〇五年の朝鮮「保護国」化に伴い、日本は朝鮮の各地にあった領事館にかえて、理事庁を設置していた）や警察署などにも訴えたが、目的を達することはできなかった。こうした中でついに納期が来て、日本海軍は徴収に着手した。住民は、次のような対応をとった。太田原意見書は次のように記録する（史料では「徴税」という用語が使われている）。

彼等〔住民〕は固く約して断然納税せざることに一決し、若し所定の金額を納付するものあらば、直ちに之を撲殺して首を村里に梟《きょう》せん〔さらす〕ことを誓ひしとか、斯かる有様なるを以て素より一文半銭の納金者ある筈なく〔中略〕徴税者も百方策尽きて殆《ほとん》ど手を下すの途を失す。

住民は徴収を結束して拒否したのである。徴収に応じた者を「撲殺」するとは尋常ではない。日本軍による支配と対峙する中で、ここまで追い詰められていたのである。このように住民側が徴収に抵抗する中で、日本海軍は強圧的手段に出た。

此に至て断然意を決して強圧手段を執るの已むを得ざるを覚り、其一着手として村内頭民、里長を縛して村内を引廻し（最後に元山の獄に投する旨を声言しつゝ）以て滞納者処分の「モデル」を公衆に示せり。妻女出でゝ号泣し左右より哀を乞ふ〔後略〕。

これも太田原意見書の記録だが、この続きの部分では、松樹に縛りつけて極寒の中に放置したという話が出てくる。これについては、横見が、この徴収の際には松樹に縛りつけるというような措置はしておらず、前述の樹木伐採禁止をめぐっておこなった措置であったとのコメントをしている。ただし、横見は村内を引き回したことについては否定のコメントを附していないので、この箇所に関しては事実であったと見ることができる。

こうした中で、ついに納入の期限を迎えた。右で見た日本海軍の強硬な姿勢により、住民たちの態度は変化しはじめ、資力のある者はただちに納入に応じることになった。しかし、資力のないものは、猶予を求めるしかなかった。ただし、数十日の猶予を得たところで、支払いができないことに変わりはなかった。そこで日本軍は、長期の期間を与えた上で頭民、里長そのほかの資力家と認められる者を指定して、これらの支払うことができない者について、連帯責任を負わせた。しかし、ついに納金できる者はいなかった。そこで、日本海軍は「最後の手段」として、「連帯保証人」の物件を押収することに決し、家宅に侵入して釜、食器、指輪などをはじめとした比較的高価なものから、粟や稗などの食料も残らず押収した(51)。

次の文章は、太田原による軍用地問題に対するコメントである。

斯くて(明治)四十二年度の徴税は幾多活劇の下に漸《ようや》く完結せるも、彼等は永く本隊を仇敵視し、同時に我帝国の仁政を疑はしむるに至れり、又各島嶼に於ける徴税の困難は一層惨烈を極めたり(後略)。

住民の日本軍への怒りは、太田原をして日本の支配を揺るがしかねないものと見なされるほどに、強まっていたのである。

日本軍によって踏みにじられた村の住民たちは、ギリギリの状態で生活していく。こうした状況下において、日本軍と関係の深い横山喜太郎が地域に入ってきて、カキ漁業を独占するなどの行為があったのは、冒頭で見たとおりである。軍事的な支配と経済侵略の中で、人びとは「怨み」を募らせていったのである。

永興湾の住民たちの困難は続く。横山は一九三〇年代に入っても、カキ養殖で巨大な利権を確保していた。[52] また、横山以外の日本人による漁業の利権独占も問題になっていた。永興郡湖島《ホド》面巣鷹津《ソウンジン》里の約六〇戸、三五〇人あまりは、軍用地として農業が制約される中で、「ただ落ち着いた海を眺めその日その日の生命をしのいでいかなければならない」状態にあったが、人びとは区長洪錫権《ホンソックォン》の名義で一九二一年に一〇年期間で漁業免許を得て、その収益で暮らしてきたという。ところが、一九三一年五月にいたってこの免許の更新ができず、かわりに咸鏡南道水産技師係であった上野という日本人にその免許が許可されたという。朝鮮総督府関係者が露骨に利権を得たのである。住民たちはこれに抗議するために代表をソウルに送った。[53]

以上のような経緯を見ると、日露戦争の歴史的意味が浮かび上がってくる。日露戦争といえば二国間の戦闘という側面ばかりに目が行くが、この戦争を通して日本は朝鮮の国家主権を踏みにじっていったのである。そればかりか朝鮮の人びとの視座から見直したときに、この戦争は生活の場を破壊する大きな契機の一つとなったのである。人びとは自らの暮らしてきた地域から引き剝がされ、また軍事的な抑圧や日本の侵略者による経済支配の下で生きることを余儀なくされたのである。

日露戦後、日本は「第二次日韓協約」(乙巳《ウルサ》条約)を朝鮮に強要し、「保護国」化した。これは朝鮮の外交権を奪い、さらに内政をも圧迫したもので、事実上の植民地化であった。さらに一九〇七年には「第三次日韓協約」(丁未《チョンミ》七条約)により日本による朝鮮の内政支配を確立するとともに、朝鮮の軍隊を廃止した。こうした中で、義兵運動などが大きく盛り上がり、日本による完全な植民地化に抗していく。日本側はこれを徹底的に弾圧していった。

一九一〇年、首都ソウルに軍隊を集結させた日本は、大韓帝国を廃滅させ、日本の完全な植民地とした。「韓国併合」である。これによって世界地図から大韓帝国という国名は消された。人びとは植民地支配の下で、永興湾の軍用地内の人びとのように、生活基盤を破壊され、追い詰められる中で暮らさなければならなかったのである。

コラム……1　三・一運動

三・一運動は、日本の植民地支配下の朝鮮において、一九一九年三月一日から開始された独立運動である[54]。朝鮮国内では二三二府郡島のうち二一二府郡島で蜂起がおこなわれ、運動は長期に及んだ。約二〇〇万人が参加した。さらに、運動はロシアの沿海州や満洲の間島《カンド》などにおいてもおこなわれた。

まず、運動の国際的背景を見ておこう。ロシア革命が起こり、また「民族自決」が提起されるという状況は、朝鮮人にも影響を与えた。上海に亡命中の朝鮮人は第一次世界大戦の戦後処理のため一九一九年に開催されたパリ講和会議に代表を派遣し、独立請願書を提出した。東京の朝鮮人留学生も一九一九年二月八日に独立宣言書を発表した。これらが三・一運動の導火線となったのである。

だが、国際的要因以上に重要なのは、日本による過酷な朝鮮侵略・植民地支配に抗議して、広範な人びとが立ち上がったという点である。日本の朝鮮植民地支配政策は、軍事力を前面に出したもので、統治を担う朝鮮総督には陸海軍大将が就任して絶大な権限を有した。そして、本来軍事警察だけを担当する憲兵が普通警察事務をも担う支配体制が敷かれた（憲兵警察制度）。「犯罪即決例」が制定され、警察署長などに三カ月以下の懲役・禁刑・笞刑《ちけい》などの刑に処すべき罪を即決できる権限が与えられた。政治集会などは禁止され、政治結社も解体された。朝鮮人の発行する新聞・雑誌は廃刊させられ、多くの民族的な書籍も発行禁止となった(→コラム2　四九頁)。また、天皇制イデオロギーが朝鮮支配の根幹をなした。同化教育が推進され、天皇崇拝と日本語教育が押しつけられた(→第二章)。他方、民族教育は弾圧された。経済的な収奪も強化され、日本人を頂点とした植民地地主制がつくりだされ、日本人の所有地は拡大した一方で、没落する農民が相次いだ(→コラム4　一三三頁)。また、朝鮮人の企業経営を抑圧し、日本人側が会社を設立して大きな利益をあげることになった。第一章で見たように漁業権を日本人が独占することも少なくなかった。一九一〇年代の支配政策は「武断政治」と称された。

　こうした中でも、朝鮮人の抵抗は続いていた。朝鮮植民地化前後においては義兵運動があり、植民地支配下でも厳しい弾圧の中で書堂《ソダン》と呼ばれる教育機関による民族教育が各地で進められ、秘密結社運動も展開された。また、第一章で見たように、日本人の漁業権の独占に対抗するなど、生活防衛の闘争も各地で繰り広げられた。無数にある小さな村の中で、抵抗運動の力量が形成されていったのである。

　以上の経過を通じて、朝鮮人の中で植民地支配からの解放を目指す動きが強まり、三・一運動が展開されることになった。

　一九一八年一一月頃から天道教《チョンドギョ》(東学《トンハク》を継承する朝鮮の宗教)・キリスト教・仏教の幹部が連携し、三三人の「民族代表」を選び、独立宣言書を作成した。こうした中で迎えた三月一日。ソウルでは、「民族代表」が大衆的な運動をリードすることを躊躇し、徹底した抵抗運動をすることなく、自分たちだけで宣言を読み上げたあと、自首してしまった。だが、学生代表が独立宣言書をパゴダ公園(現在のタプコル公園)で朗読し、人びとは「独立万歳」を叫び、市内を行進した。

　これはソウルだけの出来事ではなかった。一日には、平壌《ピョンヤン》・宣川《ソンチョン》・義州《ウィジュ》・元山《ウォンサン》などで同時に示威運動が起こされた。平壌では、キリスト教と天道教が中心となり、市内三カ所で独立宣言式が開かれた。そして、太極旗をはためかせて「独立万歳」を叫んだデモは、三カ所から出発し一つに合流した。

三月一日、ソウル・平壌・宣川でははやくも日本軍が出動し、運動を弾圧している。(55)日本側記録に基づき運動初期の弾圧の一例をあげれば、三月一〇日平安南道孟山《ピョンアンナムドメンサン》で日本軍が「発砲撃退」し朝鮮人が「約五〇死傷」したとある。(56)

三月一一日には、朝鮮総督長谷川好道《はせがわよしみち》は、運動の拡大を踏まえて、軍隊の使用を積極的に「騒擾区域外」、つまり、運動が直接展開されている地域以外にも及ぼすことで「未然に防圧する」必要性があると判断して、弾圧を強化した。(57)

しかし、運動は拡大し三月中旬には全国各地に及び、三月下旬から四月上旬にかけて最盛期を迎えた。植民地という条件下で朝鮮人側は全国的な組織を形成し得なかったにもかかわらず、全国で展開されたことは特筆すべきである。各地での抵抗運動の経験の蓄積が基盤となったと考えられる。

運動の形態は、独立宣言書の配布や街頭演説、集会、デモ行進、さらに警察機関などの植民地支配機構に押しかけて投石する、庁舎を破壊する、土地台帳などを焼却するなど多様であった。農村では竹槍などを持っての暴力的闘争も見られた。人びとの抵抗の力量が確認できる。

三・一運動はエリートがリードしたものではない。「民族代表」には、徹底した抵抗をしなかった点を含め、限界があったことは否定できない。エリートではない広範な朝鮮人がこの運動を展開したことが重要である。(58)

弾圧はさらに強化されていく。四月初に原敬《はらたかし》内閣は、歩兵六個大隊等を日本本国から増派することを決め、武力弾圧を強化した。朝鮮総督はこれを受けて「軍の全兵力を以て能ふ限りの威圧を加ふる」と、強力に武力弾圧をおこなう方針を示した。[59] こうした中で京畿道《キョンギド》水原《スウォン》郡堤岩《チェアム》里では住民を監禁の上、射撃・放火し、三十数人が虐殺された。これは弾圧の一例に過ぎない。なお、朝鮮在住日本人も「自警団」などを組織し、弾圧に参加している点も見逃せない。[60]

朴殷植《パクウンシク》『韓国独立運動之血死』(一九二〇年)によれば、三・一運動の朝鮮人の犠牲者数は、三〜五月で死者七五〇九人、負傷者一万五八五〇人、逮捕者四万六三〇六人であった。

三・一運動は粘り強くたたかわれたが、独立が実現することはなかった。しかし、朝鮮人の独立への意志が世界に明確に示されたことは重要であった。さらに、三・一運動を経て本格的に台頭した農民・労働者を中心に、民族解放運動は大衆基盤を持って継続されることになった。韓国の歴史研究者・池秀傑《ジスゴル》は、三・一運動をはじめとした民族解放運動で目指されたのは「民衆主体」の社会であったと指摘している。[61]

第二章

紙に描いた「日の丸」——天皇制と朝鮮社会

平壌の街で

二〇一九年六月、平壌順安《ピョンヤンスナン》空港から平壌市内へと向かう車窓から、田植えの光景が見えた。青空の下、多くの人が一生懸命作業している。こうした農繁期には、普段は農業に従事していない人たちも田んぼに出向いて協力するのだという。しばらくすると平壌市内に入る。市内にはタクシーがビュンビュンと走り、歩行者も多い。私たちの車の隣に小学生くらいの子たちが乗っているバスが並んだ。子どもたちは笑顔で手を振ってくれる。一人一人の表情が目に焼き付いた。平壌は大都市である。大同江《デドンガン》を挟んで、数多くのビルや家が建ち並んでいるが、その一つ一つに人びとの生活がある。

夜、宿泊していた平壌ホテルのバーで、遅くまでお酒を飲んだのだが、私たちを案内してくれた朝鮮民主主義人民共和国の対外文化連絡協会の方が昔話をしてくれた。それは子どもの頃の話、一九五〇～六〇年代の平壌での暮らしぶりなどである。かつて暮らしていた家の様子を懐かしそうに語っていた姿が印象に残っている。あたりまえのことなのだが、平壌という都市の中に、無数の家族や個人の物語があるということを実感した。そうした物語の存在を、日本にいるときにはほとんど意識できていなかったことにも気づかされた。

写真４　平壌（凱旋門付近）

かつて平壌の街には「日の丸」の旗がはためき、提灯行列がおこなわれていた。一九二八年一一月、昭和天皇の「即位の礼」のときのことである。

日本の植民地支配が平壌という都市を覆い尽くした時代、平壌の人びとはそこでどんなふうに暮らしていたのだろうか。「日の丸」に対して、どのような反応を見せていたのだろうか。

天皇制・同化・差別

昭和天皇の「即位の礼」では、朝鮮人にも天皇に敬意を表することが求められた。日本はなぜ異民族である朝鮮人に天皇崇拝を押しつけようとしたのだろうか。それを理解するためには、日本の植民地支配がどのような論理やイデオロギーによって支えられていたのかを知っておく必要がある。

天皇は朝鮮植民地支配の最高責任者であった。日本が朝鮮に強制した「韓国併合に関する条約」（一九一〇年）では、朝鮮の統治権は天皇に「譲与」するものとした。そもそも、朝鮮侵略の戦争としての日清・日露戦争は、大元帥である天皇の下で遂行されたのである。

日本の朝鮮支配においては、天皇の「恩恵」に朝鮮人を浴せしむというイデオロギーが強調されていた。(1) たとえば、一九一〇年八月二九日の「韓国併合」の際に出された明治天皇の詔書は、朝鮮人を天皇の支配の下に置き、「綏撫《すいぶ》」（慰めいたわる）すると宣言している。

民衆は直接、朕が綏撫の下に立ちて、其の康福を増進すべく、産業及貿易は治平の下に顕著なる発達を見るに至るべし。(2)

なお、「韓国併合」にあたって、初代朝鮮総督の寺内正毅《てらうちまさたけ》は、天皇の支配に抵抗する者は、容赦なく弾圧すると宣言している。抵抗する人びとは「綏撫」の対象ではなく、弾圧されたのである。(3)

次に、日本側は植民地支配をおこなうにあたって、朝鮮人の「同化」の方針を掲げていた。ここでは、第二代朝鮮総督長谷川好道《はせがわよしみち》が発した論告を見ていこう。(4) この論告は、朝鮮人は同じ帝国の臣民なのだから、日本人との間にはいかなる差別も存在しないと述べた一方で、朝鮮人は「言語・習俗」が異なるばかりか「文化」が後れているのだから、現段階では、同一の制度の下に置くことができない。将来日本人への「同化」が達成された暁には、朝鮮人と日本人を同一の制度に置くようにする、と述べている。つまり、朝鮮人に日本人への「同化」を迫り、「同化」をしなければ平等には扱わないとしているのである。[5] この諭告は、朝鮮人と日本人で異なった扱いをすることは、「同化」の度合いからいって妥当だと主張しているわけだが、「同化」の度合いを判断するのはあくまでも日本側なのであるから、朝鮮人を平等に扱わないための欺瞞的な論理である。また、朝鮮の「文化」が後れているとの一方的な評価をしていることも問題である。

日本側は、朝鮮支配を正当化するために、「一視同仁《いっしどうじん》」や「内鮮一体《ないせんいったい》」などの標語を掲げ、朝鮮人を日本人と平等に扱うのだということをたびたび喧伝した。「一視同仁」は、一九二〇年代のいわゆる「文化政治」(→**コラム2 四九頁**)の下で使われた標語で、朝鮮人も天皇の臣民として、日本人と全く違いのないように扱うという意味で使用された。「内鮮一体」(「内地」と朝鮮は一つの意味)は、日中全面戦争以降に展開された「皇民化」政策で使われたスローガンである。「皇民化」政策は、朝鮮人を天皇に絶対に随順する「皇国臣民」に仕立てて、戦争へ動員することを図ったものである。

しかし、これらの標語でいう平等とは、あくまでも「同化」が達成された場合にのみ与えられるという条件つきのものであり、しかも、平等に権利が付与されるというよりも、平等に天皇の「恩恵」を享受できるというものであった。仮に、そのような平等が達成されたとして、朝鮮人を日本人に完全に同化させ、異民族の王である天皇の支配を受けさせることは、極めて暴力的なことである。朝鮮人側は民族自決を求めていたのであり、天皇制の下に組み込むこと自体が問題であった。

そして、日本の朝鮮植民地支配はその終焉に至るまで、日本人と朝鮮人を平等に扱うことはなかった。朝鮮人は国籍上「同じ日本人」とされ、またさまざまな標語でも朝鮮人と日本人の平等が標榜されたが、朝鮮人は法律上も制度上も「同じ日本人」として対等・平等に扱われたことはなく、支配―被支配の関係(植民地主義的関係)にあった。以下では、いくつかの事例からこのことを確認していきたい。

まず、当時の朝鮮は日本本国(「内地」)とは異なる「異法域」とされた。朝鮮に施行された法令の立法権は、天皇・帝国議会・朝鮮総督にだけあった。朝鮮総督府は、総督・政務総監ともに日本人によって独占され、局長クラスもほぼ日本人で占められていた。また、朝鮮在住者の国政への参政権はなかった(6)し、朝鮮に関わる重要事項を決定する独自の立法機関もなかった。朝鮮人が朝鮮に施行する法令を自ら制定することや、政策の決定過程に参与することは不可能だった。朝鮮人は自らの民族のあり方を、自ら決定できない状態に置かれていたわけである。

植民地期の朝鮮では、日本本国とは異なり、義務教育制度は施行されなかった。朝鮮総督府が実施する教育は、天皇制イデオロギーを注入する同化政策の要であった。植民地期を通じて、実態としては民族別の就学政策がとられた。日本人には「小学校」が、朝鮮人には「普通学校」が割り当てられた(7)。教育の普及には大きな限界があり、朝鮮人学校の修業年限は日本人学校よりも短縮されることがあり、一九三四年には二年制簡易学校も設けられた。普通学校では日本語習得と職業教育(農業教育)が中心で、基本的には初等教育止まりの終結教育だったといってよい(8)。なにより就学率は一貫して低く、一度も学校の門をくぐったことのない「完全不就学」が常態化していた。就学者数が徐々に増加したのは事実だが、一九三七年でも推定学齢人口に占める公立普通学校の在学者は、おおむね男子は三人に一人、女子は一〇人に一人であったと見られている(9)。第三章や第五章で見るように、一九二〇～三〇年代朝鮮の各地域において教育機会の拡充が切実に要求されていたのはそのためである。

なお、朝鮮総督府は公立学校を中心に教育整備を進め、私立学校は統制された。「韓国併合」後、私立学校の数は大幅に減少した。一方、小規模な伝統教育機関である書堂《ソダン》は、元来漢文や儒教を学ぶ場であったが、一九一〇年代には二万三〇〇〇から二万五〇〇〇を数えるようになり、朝鮮人の教育の場として重要であった（朝鮮語などを教える書堂もあらわれた）。朝鮮総督府は書堂に対しても統制を加えていく。

当時、日本人と朝鮮人の差別の根拠となったのが、戸籍制度である。日本本国に本籍を置くものは「内地人」（日本人）、朝鮮に本籍を置くものは「朝鮮人」と法的に区別されていた。なお、本籍地の移動（たとえば、朝鮮から日本本国への移動）は、養子縁組や婚姻などを除いて原則的に禁じられていた。また、「内地人」などが国籍離脱を認められていたのに対して、朝鮮人は日本国籍から離脱する権利がなかった。[10]したがって、朝鮮人は戸籍上「内地人」になることもできなければ、日本国籍から離脱することもできず、「朝鮮人」という法的位置づけに縛られることになった。このように、日本人と朝鮮人は、国籍で「同じ日本人」として一括りにされながら、戸籍で「同じ日本人ではない」と厳格に区別され、ここから決して逃れられない仕組みになっていた。

戸籍によって日本人と朝鮮人が区別される中で、公務員や教員の給与についても差がつけられた。[11]また、同じく朝鮮に在住している場合でも、日本人と朝鮮人は法律の適用において、異なる立場に置かれることがあった。[12]

さらに、朝鮮人は大日本帝国臣民とされたが、自由に日本本国に渡航できなかった。内務省・朝鮮総督府による渡航規則の制定などで、朝鮮人の渡航は厳しく管理されたのである。日本人が朝鮮に渡る際にはこのような制約は存在しなかった。[13]

このように厳しく差別がおこなわれる一方で、戦時期には兵士・労働者・日本軍「慰安婦」（性奴隷）

などの形で、戦争動員の対象とされた。日本人と同一の権利は与えられないのに、動員の対象とされることは、極めて理不尽である。

国籍こそ「同じ日本人」とされたが、日本人と朝鮮人は制度上・法律上から見て、対等・平等に扱われなかった。そして、差別的な取り扱いは、植民地支配からの解放に至るまで、撤廃されることはなかった(14)。

以上で見たように、朝鮮支配の根幹には天皇制イデオロギーがあり、それは朝鮮人に「同化」を求めるものであった。しかし、それは朝鮮人を日本人と「平等」に扱うものではなく、差別の論理が貫徹していたのである。

地域に入り込んだ監視——「即位の礼」の光景

朝鮮総督府は、植民地支配の中で天皇の「恩恵」を説き続けた。むろん、大多数の朝鮮人にとって天皇とは異民族の王であり、全くなじみがなく、理解不能なものであった。天皇制イデオロギーは主に学校教育を通して注入されたが、多くの人びとは学校教育から排除されていた(15)。

厳しい植民地支配の中で生活する人びとにとって、向き合わなければならなかった問題はその日その日をどのように生き延びるのかということであり、天皇制イデオロギーと大多数の人びとは隔絶していた。大正天皇が死去する直前の時期（一九二六年）に朝鮮軍（日本が朝鮮に駐屯させた軍隊）は民情調査を実施していたが、そこでは朝鮮人は天皇の体調について「一般に比較的無関心」とされていた。また、「大《テ》邱《グ》青年同盟員」の意見として、「陛下崩御在せらるるも吾々には何等の影響なし。只次位者の御代りとなりて、今少し鮮人を理解して政治を為されんことを望む」といったことが紹介されている。[16] 天皇がどうなろうと知ったことではないというのが本音だっただろう。そして、現在の支配に対する批判的意識ゆえに、こうした認識が吐露されたものと見られる。このように天皇は多くの人びとにとって、直接的に関心の対象となることは少なかったと思われる。

そうした中で、天皇に関係する行事は、人びとに天皇制イデオロギーを植え付けようとする政策において、大きな意味を持った。ここでは二つの事例を紹介しよう。明治天皇が死去（一九一二年）した際の出来事と、本章の冒頭で紹介した昭和天皇の「即位の礼」である。

まず、前者を検討しよう。一九二六年に朝鮮軍は朝鮮人の動向について調査している。そのなかには、「先帝陛下〔明治天皇〕崩御の際は当時の警察官は路上に立ち、往来する鮮人に対し喪章を附すべく強要したる例ある」との朝鮮人牧師の声が記録されている。[17] 明治天皇といえば、朝鮮植民地化の最高責任者であるが、日本は警察の権力を使って朝鮮人に喪に服すことを強要したというのである。

次に後者の「即位の礼」について見てみよう。「即位の礼」の日（一九二八年一一月一〇日）および、「即位」の「奉祝」（一一月一四日）の際に、平壌警察署が平壌の様子を詳細に調査した記録が残されている。朝鮮社会を徹底的に監視しようとしていたのである。

まず、警察署は、「即位の礼」の日の午前と午後の二度にわたって「国旗掲揚状況」を調査している。

〔午前中は〕新市街に於ては全部之が掲揚しつつあり。旧市街に於ては大通りは九分通り掲揚しつつあるも、裏通りは約七分通り掲揚しつゝあり。殊に万寿台《マンスデ》貧民部落は全部国旗を掲揚し奉祝し誠を致せり。

午前中の国旗掲揚数は府内総戸数二〇、九七九戸の内、掲揚したるもの一一、三三〇戸にして其鮮人（朝鮮人）の掲揚せるもの七、六〇五戸、外国人一三四戸（内西洋人二戸）にして其後督励の結果午後四時迄には掲揚したるもの約二割の増加を見たり。(18)

二つめの報告が示すように、平壌府内の全戸数のうちの掲揚数を徹底的に調べ上げているのである。なお、この史料の別の箇所からは、警察署が、当時「要視察人要注意人」としていた人物が「国旗」を掲揚しているかどうかも念入りにチェックしていたこともわかる。「国旗掲揚」の有無が、日本国家への忠誠度をはかるバロメーターとされていたのである。

ところで、右の引用の中で、「貧民部落」が全部「国旗」を掲げたとある。この「貧民部落」で掲げられた国旗の一部は、紙製だったという。(19)

平壌では、朝鮮人も含めかなりの数の家が「国旗」を掲揚したようである。ただし、これは、警察による一戸一戸に対する厳重な監視下のことであり、史料に「督励の結果」とあるように圧力をかけた結果であろう。

他の地域の事例になるが、朝鮮で発行されていた日本語新聞の記事「国旗購入を斡旋する鉄原《チョロン》警察署長」（『釜山日報』一九二八年一〇月二七日付）は、江原道《カンウォンド》鉄原の様子について、次のように報じている。

従来祝祭日に当り、国旗の掲揚に付いては、一部間にありては国旗観念甚だ薄く、唯其の筋より国旗掲揚方注意に対し、申訳的に白布に赤丸をぬり、或は鮮紙に急造の日の丸を描き掲揚しある等、国家観念より観ても体裁上よりするも、甚だ面白からざるより、鉄原警察署長鹽谷氏は高等係植田警部補其他署員とも協議し、国旗及奉祝提灯等準備無き向きには、御大典も間近に迫りたる事故、余り不体裁にして敬意を失する如き事なき様、是等の向きに注意を与へ、国旗及提灯等は共に共同購入の利益と便利なるを勧め〔後略〕。

この事例からも、日本側が警察を通じて圧力をかけ、朝鮮人に「国旗」を掲げさせようとしていたことがわかる。特に「祝祭日」の際に一部の人びとが、白布や紙に「日の丸」を描いてまで対応しなければならなかったことは、権力側の執拗さを示すもので、日本の植民地支配の強権性を象徴するものである。先に見た平壌では「貧民」の一部が紙製の「国旗」を掲げていたとされるが、これも鉄原と同様に警察の圧力の中で描いたものだったのかもしれない。鉄原では警察が「国旗」購入を「斡旋」するとされたが、同様に全羅北道《チョルラプッド》全州《チョンジュ》でも「御大典奉祝国旗及提灯を貧困者のため実費を以て配給する」とされた[20]。人びとにさらなる圧力を加え、負担を強いるものであっただろう。

一方、白布や紙に描いた「日の丸」は、日本の支配が人びとを完全に統制しきれたわけではなかったことも示している。日本側は、人びとが布や紙に描いた「日の丸」について「申訳的」とか「急造」であったと評し、強い不満を抱いていたのである。

朝鮮人が統制に抗する姿は、「即位の礼」の際の平壌の状況から具体的に確認できる。まず、一一月一〇日の様子について、平壌警察署は次のように報告している。

又提灯行列が大同門《デドンムン》附近を通過の際〔中略〕東日商会雇人　金永信《キムヨンシン》〔中略〕は泥酔の上独立万歳を叫ばんとしたるを以て直に大同門派出所所員に於て之を制止、不取敢《とりあえず》検束処分を附したり。(21)

これも警察などによって組織されたものであろうが、提灯行列が実施される中で、「独立万歳」と叫ぶ朝鮮人がいたのである。

さらに、一一月一四日の「奉祝」の様子について、平壌警察署は次のように報告している。

奉祝期間長きに亘《わた》り為めに、都民も緊張を欠くの感あるを認む。本日牡丹台《モランデ》清流壁下岩壁に左記の如き落書しあるを発見、即時抹消したるも、之等は即ち奉祝期間長き為め、民心に惰気を生じ不良学生等の悪戯に出でたるものと思料す。

左記

一．大韓独立

二．興者亡、亡者興、此点真也

右は白墨を以て落書したるものなり。(22)

「大韓独立」に加えて、「繁栄する者は亡び、亡ぶ者は繁栄する」といった趣旨の「落書」がなされたのである。「繁栄する者」は日本で、「亡ぶ者」は朝鮮であろう。

警察は、「奉祝期間」が長期化したために事件が発生したと説明しているが、朝鮮人側の独立への意思や天皇制に関連する行事への反発こそを読み取ることができるだろう。

三・一運動後の朝鮮社会と「日の丸」

「国旗」はさまざまな機会に掲揚することが求められた。少し時期はさかのぼるが、一九一九年の「国旗」掲揚をめぐる状況を見ていきたい。一九一九年といえば、三・一運動(→コラム1 二七頁)がたたかわれた年である。そうした状況を警戒して、日本側は朝鮮人の動向を仔細に観察し、記録している。

この年の六月二八日には、第一次世界大戦の講和条約が調印されているが、これを記念して朝鮮の人びとは「国旗」掲揚を要求されている。日本外務省の書類綴に入っている記録によれば、咸鏡北道吉州《キルジュ》郡では、六月二八日に各面事務所から国旗掲揚が住民に命じられたという。面事務所とは、朝鮮総督府による支配を末端で担う村役場であるが、日本側文書に面事務所が命じたことが明確に記されていることは重要である。「国旗」掲揚が権力による強制であったことがわかる。ところが、吉州郡では、このときに「弔旗」を掲げた者がいたという。「弔旗」は「国旗」(日の丸)に「喪章」(黒布)をつけるという形で掲げられるが、言うまでもなく「弔旗」は葬儀の際に掲げるものであって、不吉を意味する。これを重大と見て取り調べたところ、「照憲皇太后(明治天皇の妻)御崩御の際、弔旗を掲揚せし儘《まま》格納し居たるもの」で、何気なく掲げたのだと述べたという。だが、憲兵が巡察した際に、狼狽《ろうばい》して黒布を慌てて取り除いた者がいるということで、権力側はわざと「弔旗」を掲げたのではないかとの疑いを強めていた(23)。

同じく講和成立の際、全羅北道群山府《グンサン》では次のような出来事があったという。

群山府に於ては〔講和条約締結の〕祝賀会を開催し、式後各学校生徒を中心とし旗行列を挙行せしが、農業学校生徒四十八名中四十二名は配布を受けたる紙製国旗を破棄し、旗竿のみ携帯せるを以て、引率者に注意を与へ其の原因を調査せしに、生徒等は吾吾二十歳以上の学生が小学生徒と同様紙製国旗を打振り、万歳を唱へ街路を練り歩くは如何にも恥かしく感じたるを以て、態《わざ》と激しく打振りたる為破損したるものなりと称し、別に悪意に出でたるものにあらずと、弁解せるも真意疑はし(24)。

農業学校の生徒たちに配布されていた紙製国旗が壊され、竿だけを持っている状態になっていたという。学生たちはやむをえず壊れてしまったと弁解したようであるが、支配者側はその真意を疑っていた。この事例からも、学校を通じて紙に描かれた「日の丸」を持って行進することが強いられたこと、それに対して学生たちが紙旗を壊すことで抵抗したようであることが浮かび上がる。

それでは、「国旗」とは朝鮮人にとってどんなものだったのだろうか。次の文章は、一九一九年一〇月に朝鮮人の「両班儒生《やんばんじゅせい》」(25)の「始政記念日」に対する感想として聞き取られたものを、江原道知事が報告したものである。「始政記念日」とは一〇月一日であり、一九一〇年に朝鮮総督府が設置された日である。

十月一日の始政記念日は、即ち十年前我韓国の国体と政体とを失却し、挙げて日本に併合され、始めて日本政府の政治を施行したる日なり。爾来十年間各官庁は、本日を記念日として業を休み、国旗を掲揚して祝意を表し居れるが、抑《そもそも》此日は吾朝鮮民族の忘るべからざる恨《ハン》ある日にして、日本人のみ祝すべき日なり。然るに、此日門戸に国旗を掲揚するは、期せずして往時を追憶し感慨無量なるものあり。寧《むし》ろ吾人は国旗を掲揚せずして、此の苦痛なる日を忘るゝに若《し》かず〔後略〕(26)。

朝鮮が独立を失った日である「始政記念日」は、日本人にとっては祝うべきことだろうが、朝鮮人にはむしろ「恨ある日」である。その日に日本の「国旗」を掲揚することは、かつての独立の時代を思い出してしまうから、むしろこの人物は「国旗」を掲揚せずに苦痛の日を忘れることが一番だと述べているのである。このように日本の「国旗」は、朝鮮人にとっては、独立が奪われたことを象徴的に示すものでしかなかったのである。

三・一運動直後、朝鮮人生徒・児童にも「独立気分」が広がっていた。中等学校の生徒はほとんど学校に出席する者がおらず、その「不穏の気分」は初等学校の朝鮮人児童にまで影響を及ぼしていた(27)。このような中で、学校の種別は不明だが、教育現場では、朝鮮人生徒に日本について教えようとしても、いちいち反論された様子が、日本側によって記録されている。

教授中に於て、我が紀元二千五百何年と説明すれば、朝鮮は開国三千年なりと言ひ、国旗の話を為せば、直に太極旗《テグッキ》に就ゐて語り、「金剛山《クムガンサン》」は天下の勝にして内地〔日本本国〕にも之に勝るものはないであらうとか、「日本は松の国」松は日本のみにあらず朝鮮にも沢山ありとか、桜は日本の特有にして外国になしと謂ふも朝鮮にもありとか、「日本三景」と謂ふも金剛山の比に非ず等、是等勝手次第の熱を吐き、其の他教科書中にある祝日、大祭日、明治天皇、日本国民、我国体、菊の花、朝鮮総督府、皇室、大日本帝国等、国民的教材の教授に際し苦心を感ずること尠《すくな》からざるものの如し。(28)

日本の独自性や優越性を伝えようとした「国民的教材」は、朝鮮人にとってはなんら意味がなかったのである。

朝鮮人にとっての天皇・天皇制

ここでは、韓国の国家記録院に所蔵されている『不敬犯罪綴』（一九三三年）の事例をとりあげながら、朝鮮人の天皇・天皇制認識を考えてみたい。「不敬犯罪」、すなわち、「不敬罪」とは天皇・太皇太后・皇太后・皇后・皇太子・皇太孫・神宮・皇陵・皇族に対し、「不敬の行為」をする罪のことである（『国史大事典』）。植民地支配下においては、朝鮮人側の思想や認識が直接的に記された史料は限られているので、こうした「犯罪」とされた行為から思想や認識を読み解いていくことが大切である。

夫泰煥《プテファン》は、一九二八年当時二一歳で、済州《チェジュ》公立農業学校三年生であった。一九二八年二月、朝鮮語新聞『東亜日報』への投稿目的で作成した文章が「不敬」にあたるとして検挙された。その文章は「卒業しながら同志等に」というタイトルだったとされるが、これはもともと朝鮮語の文章だったものを日本側の官憲が日本語に直訳したために、やや不自然な表現となっている。「卒業にあたって同志等に」と訳すのが適当であろう。この文章では、在学中に教育された事項がなんら役に立たないことを批判するとともに、「日本の国民性」を論じた上で、次のようなことを主張しているという。

先生様が常に話す、「天皇に忠誠せよ」と云ふ話である。是れ何程立派のものか、我等が先生様の話を一度冷静に批判して見よう。先づ天皇と云ふ奴が何《ど》んな奴か。天皇は金殿玉楼に黙って坐って飲食寝衣するのみならず、前後左右には鳥群の如き軍兵にて包囲して人として見る能はざる寵遇を受けて居る。

然るに何故天皇と云ふ奴は斯《かく》の如く最善の生活をするのに、我等は総て虐待を受け、総ての拘束を受けながらも良く住むことが出来ず、着ることが出来なく、良く食ふことが出来ないのか。茲《ここ》に社会的矛盾があるのではないか。勿論《もちろん》矛盾がある故に斯の如き差別が出来たのである。若しも矛盾がなかったならば、天皇と同じき肉体と精神とを持って居る吾等も花の如く舞台の上に舞って居る筈である。同志よ、天皇に忠誠せよとの意味も良く理解するものと信ずる。[29]

教師が常に言っていた「天皇に忠誠せよ」との言葉を、批判的に捉えている。天皇も朝鮮人も同じ肉体と精神を持っているにもかかわらず、天皇だけが「最善の生活」をしていて、「我等」が「虐待」と「拘束」を受け、抑圧されていることの矛盾を告発しているのである。

また、新幹会忠清北道忠州支会《シンガンフェチュンチョンブッドチュンジュ》主催の演説会において、李奉根《イボングン》という人物は、次のように述べたという（新幹会は植民地期朝鮮の民族協同戦線組織である→第五章　一六四頁）。

実に我が朝鮮二千万無産階級は笑ふも苦、泣くも苦、総てが苦しみのみではありませんか。或る者等は曰く「其んな奴等が如何にして生きて居るか」と、之が無産階級に与へられた言葉であります。日本人、朝鮮人計七千万の無産同胞は或る一人を尊重し苦痛をして居ります。其の一人の下には数多の階級がありまして、其の最下級我等無産者は或る一部少数の上階級の為、又その階級はそれより以上の一部少数階級の為、結局最高の或る一人の悪者の為、斯の如き不合理なる支配の下に働き、其の最高級にある一人は吾々無産階級の膏血《こうけつ》を搾取し輝く侭《まま》に此の世を暮す(30)。

階級的な視点に立ちながら、「最高の或る一人の悪者」、すなわち天皇による搾取を非難している。取調べに対して李自身も「最高級」の一人は天皇を指したものであることを認めていたという。「無産階級」という形で朝鮮人・日本人の両者を把握しているが、引用の最初で「朝鮮二千万無産階級」について「総てが苦しみ」と述べていることに注目しておきたい。

さらに、咸鏡北道明川《ミョンチョン》郡の青年たち一一人(農業または無職)は、社会主義の影響を受けていたようであるが、次のような二つの行為をおこなって検挙された。第一に、昭和天皇の像と李王(純宗《スンジョン》・二七代朝鮮皇帝)の像を用意した上で、前者を徹底的に破壊するとともに、後者を使って「即位式」をおこなった。第二に、大正天皇の写真を飾っている家を訪問した際に、朝鮮を奪った犬のような天皇をなぜ飾るのかと批判し、写真の目に枝を突き刺した。このように朝鮮という国を奪った存在として、天皇は認識されていたのである。

最後に、ある農村の青年が日記帳をとがめられ、検挙された事例を紹介しておこう。一九三二年一月八日に朝鮮独立運動家の李奉昌《イボンチャン》は、陸軍観兵式の帰途、天皇の馬車が桜田門の警視庁前を通りかかったとき、群衆中から手榴弾を投げこんだ。手榴弾は宮内府の馬車に当たった。李奉昌の行為は、韓国において現在も、独立運動の一環、義挙として称えられている。この李奉昌の爆弾投擲《とうてき》について、慶尚南道《キョンサンナムド》慶州《キョンジュ》で医院に雇われていた崔庸皖《チェヨンファン》は、一月一〇日に次のように日記に書き込んだという。原文は朝鮮語とのことだが、残されているのは日本官憲による日本語訳文のみである。

昨日(八日)午后十一時頃天皇が陸軍始観兵式に行幸して還行の時、桜田門前を通過する際、爆弾を投擲したね。別に事故はなかった。犯人は京城出身李奉昌。
噫〻《ああ》、おろそかな朝鮮人よ、なぜそうしたか、そうするならば徹底的にやったなれば——(31)。

地方在住の朝鮮人にとって李奉昌の活動は注目すべきものであり、しかも「徹底的」にやってほしかったと感じられるものだったのである。独立運動やそれに伴って天皇を攻撃対象とする行為が、地方在住の朝鮮人からも支持されていたことを示すものである。
日本の支配は朝鮮の地域内部に入り込み、「不敬罪」を徹底的に取り締まった。しかし、日本の支配政策や、日本の頂点かつ朝鮮支配の最高責任者である天皇に対する批判意識が、朝鮮社会には渦巻いていたのである(32)。

コラム……2　植民地下の新聞

本書は、歴史叙述をおこなう際に、植民地期の朝鮮で発行されていた新聞を随所で参照・引用している。これらの新聞について紹介しておきたい[33]。

植民地支配の初期にあたる一九一〇年代の「武断政治」下、言論・出版・集会・結社に対して厳しい取締りがおこなわれていた（**→コラム1　二七頁**）。ここでは新聞の動向を見るが、一九一〇年の「韓国併合」の際に、それまで日本の侵略を批判する論陣を張ってきた朝鮮人発行の『大韓毎日申報《テハンメイルシンボ》』や『皇城新聞《ファンサンシンムン》』などの新聞は、日本によって廃刊させられた（『皇城新聞』は『漢城新聞』と名前を変えさせられ一週間だけ存続したが、廃刊させられた）。また、朝鮮人による啓蒙的な書籍や雑誌も発行禁止となった。

「韓国併合」後、残されたのは朝鮮総督府の御用《ごよう》新聞（権力に保護されて、その政策を擁護・推進する新聞のこと）である『京城日報』（日本語）、『毎日申報《メイルシンボ》』（朝鮮語）、『ソウルプレス』（英語）、そして日本人発行の雑誌・新聞（第二章でも利用した『釜山日報』など）や宗教雑誌などだけであった。日本本国や外国の新聞や雑誌が朝鮮に入ってくる場合には、厳しい検閲が実施された。朝鮮人が独自に言論を展開することは不可能になったのである。

したがって、一九一〇年代の朝鮮社会について、詳細に知ることができる史料は極めて限られている。特に朝鮮人が書き残したものはほとんどない。そうした史料状況において、先の横山喜太郎に対する朝鮮漁民の抗議活動やそれに対する弾圧事件は、かろうじて御用新聞である『毎日申報』に掲載されていたのである。それは、植民地支配を揺るがしかねない「事件」として批判的な立場から報じられているのである。本来であれば、漁民側の史料なども検討したいところだが、おそらく史料を残すことは難しかったと思われ、これまでには発見できていない。一九一〇年代の朝鮮の歴史を検討する際には、基本的には支配者側が残した史料を批判的に検討するほか道がないのである。

こうした史料の状況が変わるのが、一九二〇年代である。三・一運動以降、朝鮮総督府は支配政策の手直しをし(一九一〇年代の「武断政治」と対比して、「文化政治」と称された)、朝鮮人の一部を懐柔して分断する政策をとった。陸海軍大将が就任するとされていた総督は、文官も就任できることになった(ただし、実際には朝鮮解放まで文官が就任することはなかった)。憲兵警察制度は普通警察制度に転換されたが、警察力はむしろ強化された。また、朝鮮人の民族分裂政策を強め、朝鮮人内に植民地支配への協力者を育成しようとした。言論・出版・集会・結社の取締りも若干緩和された。朝鮮人による朝鮮語新聞、雑誌の発行、そして団体の結成が認められた。このとき創刊されたのが『東亜日報《トンアイルボ》』と『朝鮮日報《チョソンイルボ》』である(いずれも朝鮮語)。ただし、新聞や雑誌は検閲を受けることになり、押収・発行停止・禁止の処分を受けることも多かった。「言論の自由」は全く存在しなかった。朝鮮総督府はこのように支配政策を緩和するポーズをとりつつ、朝鮮人をより巧妙に支配しようとしたのである。

とはいえ、朝鮮人による朝鮮語新聞・雑誌が刊行されたことは、大きな歴史的意義がある。検閲下とはいえ、朝鮮人自身が取材し、自ら書いた文章が数多く残されることになったのである。

本書のこのあとの章では、一九二〇～三〇年代の新聞記事を積極的に活用していく。私が植民地期の朝鮮語新聞を読んでいて感じるのは、小さな村の出来事さえも詳しく、熱意を持って報道している記事が少なくないということである。地域で社会問題にとりくんだ人物名が、詳細に記録されている場合も少なくない。おそらく、地方に駐在した記者による努力の結果として掲載されたのであろう。もちろん、新聞に掲載されたのは、当時の朝鮮社会のごく一部に過ぎないし、検閲の下で制約なく報道できたわけではない。その点は考慮のうえで読み進めるしかないが、当時の記事からは植民地支配の過酷な現実を告発しようとする切実な問題意識が感じられる。

その後、日本が侵略戦争を拡大させる中で、一九四〇年には『東亜日報』『朝鮮日報』が強制的に廃刊させられた。

第三章 水保から朝鮮へ――植民地下の反公害闘争

二〇一一年三月の水俣

二〇一一年三月一〇日、私は熊本県水俣市に来ていた。水俣病について学ぶために、仲間内で計画した現地踏査であった。現地踏査といえば聞こえはいいが、恥ずかしながら、そのときは、水俣病については少し事前学習をした程度で通り一遍の知識しかなかった。本章で論じるように、水俣病の加害企業であるチッソ株式会社（現在のＪＮＣ）が日本の敗戦前朝鮮に進出していたという事実が気になっていたこともあったが、「一度くらいは現地を見ておかないと」という、今思えば大変軽い気持ちで現地に出かけたのであった（チッソ株式会社や、それ以前の社名である新日本窒素肥料株式会社、そしてその前身である戦前の日本窒素財閥について、時期にかかわらずチッソと呼ぶ）。

水俣病は、チッソ工場の排水に含まれたメチル水銀（有機水銀の一種）が海や川の魚介類を汚染し、それを食べた人に発症した公害病である。

水俣駅前の光景は、とても印象的だった。水俣病の加害企業であるチッソの水俣工場正門が駅の目の前に見える。

「チッソは水俣の殿様」

写真5　水俣の漁村

かつて水俣ではそんなふうにいわれたという。駅前の光景を見て、「企業城下町」とはまさにこのことかと納得した。チッソ工場の周辺は、水俣市の中でもずいぶんと整備されていた。かつての水俣では、チッソが地域の政治・経済を牛耳っており、住民はチッソに逆らっては暮らしていくことができなかったともという。

「多くの人は、水俣病になったから差別されたと思っているでしょう。でも実際は逆なんです。差別があるから水俣病事件が起こったのです」

これは水俣病について説明してくれた現地の方から聞いた言葉である。

たしかに水俣病には、その症状ゆえに差別されたのだというイメージが強くある。しかし、そもそもチッソ側に、人びとが公害病になってもかまわないという考え方があったために、水俣病は引き起こされたのである。チッソは水俣病の原因がチッソにあると判明したあとも、有害な廃液のたれ流しを続けていた。チッソ側に住民に対する差別意識がなければ、水俣病は引き起こされなかったし、拡大をふせぐことができたはずである。

水俣病問題にとりくんできた医師の原田正純《はらだまさずみ》は、水俣病の根本的な原因は、「人を人と思わない状況」、すなわち、人間疎外、人権無視、差別といった言葉でいいあらわされる状況であるとしている(1)。チッソや行政は、水俣病の発生を阻止する責任があったし、その発生が阻止できなかったときには被害を最小限にくいとめる責任があった。さらに、発生を阻止できなかったのであれば、全面的な救済、償いをする必要があるのである。このような責任を放棄した姿勢こそが、まさに「人を人と思わない状況」なのである。

そして、「企業城下町」水俣において「殿様」であるチッソを告発することは困難なことだった。問題は隠蔽され、被害者側に対するバッシングも続いた。

そうした困難な状況の中で、多くの人びとが反公害闘争を続けてきた。現地の資料館には、そうしたたたかいの歴史も展示されていた。

水俣病について、あまりにも知らないことが多かった。これはきちんと勉強しないとまずいな――そう思いながら、水俣をあとにした。

翌日、二〇一一年三月一一日、東日本大震災が発生した。私たちのグループは鹿児島観光を終え、空港に向かうところだった。その日は飛行機が飛ばず、やむをえず高速バスで福岡に向かった。ホテルに到着して、テレビに映し出された津波の映像に衝撃を受けた。翌日、新幹線で東京に向かう途中で、東京電力福島第一原子力発電所の事故のことを知った。

それから起こったことは、水俣で学んだことを想起させることばかりであった。「差別があるから水俣病事件が起こった」。この言葉が、頭の中で、ぐるぐるとまわり続けた。

差別の根源はどこにあるのか。差別をどのような視点で捉えるべきなのか。原発事故が深刻化する状況下で、私は水俣病について学び考えた。そうした中で、私は水俣と朝鮮の問題は決して切り離すことができないと感じるようになった。それは直接的にはチッソが敗戦前に朝鮮に進出していたという事実があるためだが、水俣と朝鮮の問題をつなげて考えることで、近現代の日本がなにを踏みにじってきたのか、その本質を理解するためのヒントが得られるように思えたのである。もちろん、水俣病も植民地支配もそれぞれ固有の問題である。しかし、両者を関連付けて論じることで、それぞれの問題をさらに深く理解することができるのではないかと考えたのである。

チッソの公害

次に示すのは、『毎日新報《メイルシンボ》』という朝鮮語新聞（朝鮮総督府の御用新聞）の記事「肺結核の原因は工場煤煙関係？　興南《フンナム》地方に多数」（一九三九年四月一三日付）である（一九三八年、『毎日申報』は『毎日新報』に改称していた）。

呼吸器病、特に肺病患者が続出する原因は、工都興南に濛々《もうもう》と漂う煤煙ではないかと推測されるところである。今年一月から三月末にかけて、府内死亡者の総数一一七名中、呼吸器病による死亡が、三八名の絶対多数に達したといい、死亡者中三分の一を占めている。死亡年齢は二十一、三から三〇歳未満が大多数だという。

「工都興南」において煤煙によって健康被害が発生していたというのである。もう一つ、やはり朝鮮で発行されていた朝鮮語新聞『東亜日報《トンアイルボ》』の「化学工業の集中反面に、水産業の前途憂慮　各工場排水に毒素が含有　魚貝の斃死を招来」（一九三九年二月四日付）を見てみよう。ここでは、工場排水による水産物の死滅が報道されている。

数年前から、朝鮮窒素（肥料株式）会社工場がある興南附近の数十里以内の海では、それ以前に豊富であったナマコ、アユ、ウチムラサキ、アワビなどが、姿を消しはじめた。これは、朝窒（朝鮮窒素肥料株式会社）工場から流れ出る水に、さまざまな生物を死滅させる化学的な成分が含まれているためだという。

これらの記事は、咸鏡南道《ハムギョンナムド》にある興南という地域の出来事を報道したものである。ここにはチッソの傘下にある朝鮮窒素肥料株式会社が工場を建設していた。

この新聞記事に示されているのは、チッソが水俣病を引き起こす以前に、朝鮮でも環境汚染を発生させ、水産業に多大なる被害を与えるとともに、健康被害をも引き起こしていたという事実である。水俣の「殿様」は、朝鮮興南の「殿様」でもあったのである。

かつて朝鮮のチッソ工場で働いており、敗戦後水俣に戻った人びとからの聞き取りを収録した元チッソ社員岡本達明《おかもとたつあき》らの聞書集は、公害にかかわる次のような証言を載せている。

> 廃液は最初のうちは全部たれ流しました。大きな廃水溝を作って、城川江《ソンチョンガン》に流した。城川江から海に行く。あとでマンガン回収工場ができてからは、一トンぐらいの廃液タンクを作ってそこに入れて、ポンプで回収工場に送った。廃液タンクは沈澱物が溜まってくると、鍋に抜き出して上澄だけ廃水溝に流して、金属水銀を回収した。でも故障も多かったし、何やかんやで廃液は相当たれ流しとるです。(2)

これが水質汚染と関係しているように思われるが、さらなる調査が必要である。空気汚染についても、次のような証言がある。

> 刺激がきついんですよ。咳がとまらない。社宅にもどんどんガスが来て、植木はみんな枯れちゃった。いまだったら大公害事件ですよ。工員が大変ですよ。焙焼炉から吹き出したときは逃げるけど、いつまでも逃げてるわけにいかんでしょう。当時は防毒マスクがあるわけじゃないし、服は酸でやられるし、ひどい恰好で働いていた。だから胸を次々やられて倒れた。あの状態は、ちょっといまじゃ想像つきませんよ。(3)

もう一つ、重大な記事を紹介しておこう。水俣病事件が社会的に注目を浴びた一九七三年、ジャーナリストの児玉隆也は、次のように記している。

弱き者に支配を、臭いものにふたを。〔水俣病〕患者の怨をつのらせたこの〔チッソの〕体質のよってくるところは、あきらかに朝鮮である。チッソがかつて繁栄を誇った朝鮮に、公害はなかったか。大石〔元興南工場長〕は苦渋を浮かべていった。「いっちゃ悪いけど、朝鮮の方が公害が相当でた。だが、時代がちがった……」。〔かつて興南で働いていた〕看護婦の三谷は、「実はあまりいいたくないけれど、興南にわけのわからない奇病がありました。そのために社員のなかには家族を興南から離れた緑地帯に住まわせていた人もいます」。三谷は更に口澱み、いった。「その奇妙な病気は〝興南病〟という名で片づけられました」

〝興南病〟は、ところをかえて〝水俣病〟となった[4]。

仮に事実であるとすれば、衝撃的な告発である。水俣病問題に誠実に対処しないチッソの体質の起源が植民地朝鮮にあり、その植民地でも「興南病」と呼ばれる公害病を引き起こしていたというのである。ここに記されている「興南病」は、どのような「奇病」だったのか。それについては、現段階では判断ができない。ただし、かつて興南で暮らしていた日本人の証言として、「結核は興南病ていいよったですよ」というものがある。当時、工場で接触式硫酸製造を担当したことで結核になった人がいたと信じられていたということも、この証言では指摘されている[5]。「興南病」という言葉は、結核を指す言葉だったのかもしれないが、児玉のルポルタージュにおける「わけのわからない奇病」という記述とはかみ合わないようにも思われる。「興南病」については、今後真相を究明しなければならない。「興南病」に関する証言の真偽は現段階では不明であるものの、チッソが朝鮮でも公害を引き起こしていたこと自体は、先の新聞記事などから見て間違いないだろう。

植民地朝鮮における公害問題については、近年少しずつ研究が進展してきている。チッソについて研究する韓国の歴史研究者・梁知恵《ヤンジヘ》は、チッソが公害問題とどのように向き合ったのかを検討している(6)。興南工場による水質汚染問題については、梁の研究によれば、チッソが汚染水を放出したというだけではなく、朝鮮総督府の地方行政機構である咸鏡南道庁が十分な対策をとらなかったことも問題であったという(7)。

チッソによる公害は興南工場だけではなかった。梁によれば、咸鏡北道《ハムギョンブクド》のチッソ永安《ヨンアン》工場近隣でも廃水被害による住民とチッソ側の葛藤が生じたという。同工場は近隣の炭鉱から採掘された石炭を液化させる石炭液化工場であったが、用水の確保と廃水の放流の関係で地域住民との摩擦が多かった。一九三四年と一九三六年にチッソが旱害《かんがい》時に農業用河川を工業用水に占用したことで、地域の農家が訴訟を起こしたが、チッソ側の勝訴に終わった。さらに、一九三七年には廃水放流による農業被害が生じ、それに対して住民側が損害賠償を提起したこともあったが、チッソ側は交渉に応じなかったという。住民側は、同年三月咸鏡北道道会(**→コラム3　九三頁**)にこの問題を提起したものの、咸鏡北道庁および明川《ミョンチョン》郡庁がチッソ側に善後策を慫慂《しょうよう》するといった程度の議論しかおこなわれず、根本的な対策はとられなかったという(8)。

植民地でなぜ公害が？

朝鮮植民地支配の中で公害が引き起こされていた。これは、日本や韓国でもほとんど知られていない事実であり、私も公害問題を報じた新聞記事に出会ったときに大変驚いた。

しかし、読者の中には、次のように考える人もいるのではないだろうか。公害問題といえば戦後日本の四大公害病が有名だが、戦後民主主義の下ですらそうなのだから、戦前の日本ではもっと公害がひどかったに違いない。植民地で公害があったのはある意味ではあたりまえなのではないか。このように理解することは、妥当なのだろうか。

この問題を考えるうえで、一つのカギになるのが、工場法である。朝鮮語新聞『東亜日報』（一九三八年五月二四日付）は、当時浅野セメントが朝鮮で引き起こしていた公害事件に関連して、朝鮮に工場法が施行されていないこと、すなわち「工場制裁法規」がないことを批判している（セメント工場が排出する煤煙と粉塵が問題となった。日本本国では同様の公害は降灰事件と呼ばれることがあった）。これまでも朝鮮で工場法の施行が要求されてきたが、この年に浅野セメント工場による公害、「二千住民の惨禍」が生じたことによって、ますます朝鮮での工場法の緊急の「制定実施」を求める声が高まることになったと報じている（浅野セメントの公害事件の詳細については、後述する）。

日本本国の工場法（法律四六号、一九一一年公布、一九一六年施行）は、しばしば労働者保護の観点から注目されるが、公害史研究者の小田康徳によれば、同法には公害規制のための規定が存在したという(9)。しかし、植民地朝鮮には、日本資本の利益を確保するために、工場法は施行されなかった(10)。したがって、右の新聞報道からは、朝鮮では工場法が「制定」されていないから公害規制ができず、そのために公害が発生してしまったとの主張が読み取れる。もちろん、日本本国における工場法に基づく公害対策は不十分なものであったが、ここで強調したいのは、それすらも植民地朝鮮には施行されず、差別的な法制度があったということである。

　ところで、浅野セメントは明治末期に日本本国の深川工場（東京都江東区）で降灰による公害を引き起こしていた。しかし、一九一〇年代から二〇年代半ばまでには、技術的に収塵装置を導入することでセメント工場による降灰を防止することは可能となっており、日本本国ではセメント工場による公害は基本的に解決していた[11]。それにもかかわらず、一九三〇年代末に植民地朝鮮でセメント工場により公害が引き起こされたのは、工場法が施行されていないという条件を利用して、浅野セメントが利益追求のために公害対策を怠ったからだと思われる。

　以上のように、敗戦以前の日本本国では不十分ながらも、すでに公害の規制がおこなわれていた。しかし、植民地ではそうした規制がなかった。その結果、日本本国では基本的に克服されていたセメント工場による公害が、植民地に持ち込まれた。

　これは、一九七〇年代頃から日本企業がおこなった「公害輸出」――日本企業は公害規制の緩いアジア諸国に公害を輸出した――の先駆けといってよいのではないだろうか。

　一九七〇年代の「公害輸出」は、日本国内における公害対策の進展とセットだった。敗戦以前における植民地への「公害輸出」もまた、日本本国での公害対策の進展を支えていたと考えられる。

　なお、植民地に公害が押し出されたのは、法的差別だけによるものではないだろう。植民地であれば、犠牲にしてもかまわない、日本本国と違って住民に配慮する必要がないという発想がそもそもの前提としてあったと思われる。

ここではチッソの事例から考えておこう。梁知恵は、一九三七年に開かれたチッソの技術会議の会議録を検討している。この会議録には、廃水問題に関してチッソの各工場（日本本国や朝鮮）の技術責任者の見解が示されているという。これによれば、この段階では朝鮮の永安工場は具体的な対策がなされていない状態であった。また、興南工場は廃水を海に放流したうえで、影響を測定するといった程度の消極的な対応をとっていた。他方で、日本本国にある延岡工場（宮崎県延岡市）は詳細な指針を定め、致死量を設定して放流基準を明示し、有害物質流入が憂慮されるすべての廃水を中和対象と考えていた。要するに、チッソは朝鮮内のすべての工場で廃水を浄化することなく放流していたのであり、それは日本本国での対応とは異なっていたというのである。もちろん、敗戦前のチッソの日本本国での廃水対策も決して十分なものではなく漁民との紛争なども生じていたのであるが、ここで注目したいのは植民地への差別である[12]。

植民地の公害の存在は、日本社会でほとんど認識されてこなかった。この欠落は、重大な問題である。ただし、植民地にも公害があったと述べるだけでは、不十分である。重要なのは、植民地であるがゆえに公害があったという点である。このことは本章の後半で、浅野セメントの公害の事例を通じて、さらに検証していくことにする。

チッソの朝鮮進出

チッソは、どのように朝鮮に進出したのか[13]。

まず、朝鮮進出の前史である。チッソが水俣に進出してきたのは、一九〇八年のことである。水俣川河口の小さな漁村に工場がやってきたのは、村の西南側に広がる広大な塩田が塩の専売制とともにその歴史を閉じ、敷地や労働力が確保しやすかったためであった。工場の設備の拡張と生産向上によって、一九二〇年代には水俣の人口は増加していった。さらに国鉄鹿児島本線が開通すると、工場正門前に駅がつくられ、社宅や診療所などが開所し、「企業城下町」としての様相を整えていった[14]。

チッソは一九二〇年代後半になると、植民地朝鮮に進出していく。一九二六年に朝鮮水電株式会社を設立し、赴戦江《プジョンガン》水力発電所建設に乗り出す。さらに、一九二七年には朝鮮窒素肥料株式会社を設立し、肥料に使われる硫安を製造する興南工場の建設を開始する。一九三三年五月、長津江《チャンジンガン》水電株式会社を設立し長津江発電所建設にとりくみ、一九三七年には虚川江《ホチョンガン》発電所建設も開始する。さらに、同年鴨緑江《アムノッカン》電源「開発」計画を開始し、朝鮮・中国の国境地帯に水豊《スプン》ダムを建設していく。

チッソが朝鮮に進出した背景は、次のとおりであった。

第一に、朝鮮植民地支配政策の転換である。一九一一年、朝鮮総督府は会社令を施行し、会社の設立を許可制とした。朝鮮総督府との間に深い関係を持つ日本人には会社設立の許可がなされる一方で、朝鮮人会社の設立を抑制する役割を果たした。その後、一九二〇年、朝鮮総督府は会社令を廃止した、日本資本の自由な朝鮮への進出が可能となった。チッソはこれを受けて、朝鮮進出を開始したのである。

第二に、朝鮮総督府の保護・支援を受けられることである。水力発電所建設の権利(水利権)や、国家による補助金などを受けやすかった。また、のちに具体的に見るように、土地の買収などにあたって、朝鮮総督府による強力なバックアップがあった。

第三に、前述したように工場法が施行されていないために、「自由」な資本の活動が可能だったということである。公害規制の面はもちろんのこと、労働者の保護を考慮しなくてすむことが大きな意味を持った。また、植民地では民族差別賃金が横行しており、日本資本は朝鮮人を安価で労働させることができたのである。

第四に、巨大な肥料市場が存在したことである。朝鮮に対する植民地農業政策の特徴は、朝鮮を日本への米の供給基地化することにあった。そのために、朝鮮では一九二〇年代に産米増殖計画が実施され、米の増産が実施された（→コラム４　一三三頁）。米の増産にあたっては、日本人の嗜好にあわせて「品種改良」された米の作付が強制された。朝鮮在来の品種は朝鮮の風土に適合しており、特に化学肥料を必要としなかったのに対して、日本側が強制的に普及した「優良品種」は大量の化学肥料をまかなければならなかったのであった。そのためチッソが化学肥料を製造すれば、朝鮮において莫大な利益をあげることができる条件があったのである[15]。

第五に、安価な電力が確保できるということである。植民地朝鮮では住民を無視して建設事業をおこなってもかまわない――大量の住居をダムの底に沈めることも、水の流れを変えることも可能であると日本人側が考えていたためである。これにより、大規模かつ「効率的」に発電をおこなうことが可能となり、電力を確保しやすかった。これについては、次項で詳しく述べる。

工場・ダム建設と地域社会

チッソが工場を建設した興南は、「未開」だったといわれる。たとえば、チッソ創業者である野口遵《したがう》の自伝・鴨居悠『野口遵――人間と事業』(東晃社、一九四三年)は、興南工場用地として「未開の処女地」である興南が「適当」だと判断したと述べている(二五〇頁)。また日本窒素肥料株式会社『日本窒素肥料事業大観』(一九三七年)は、「鮮人家屋二、三十戸の存在するのみの一寒村で、宿るに家なく飲むに水なしと云ふ不便な土地であった」と述べている(四七六頁)。しかし、それは買収する側の一方的な認識であり、興南にはもともと多くの人びとが居住しており、土地買収にあたってさまざまな葛藤が生じていた。

「あそこからここまで買収せえ」

野口遵が、あたり一帯を見渡せる小山の上に立っていったとされる言葉である。当時、チッソ社員として興南で仕事をしていた尾家麟祉は、野口のその言葉について、「それがだいたい半径二キロメートルぐらいでした。あんまり広かったから、野口さんじゃないとね、決めきらんですよ」と回想している。また、尾家は「朝鮮人の家はずいぶんあったでしょうね。工場の敷地の中は二〇〇戸足らずですね」と述べ、大量の住居を移転させたことを語っている(16)。

土地の買収にあたっては、行政や警察により圧力がかけられた。また、チッソ側の「土地を売りさえすれば移転地は確保するから心配するな」という甘言のために、人びとは極めて低価格で土地を手放した。チッソ側が用意した移転先は、漁業を営む人びとにとって満足に漁業すらできない場所だった。人びとは移転を拒否し、チッソによる測量を拒否する同盟を組織した。これに対してチッソは警察と一体になって切り崩しをおこなった。警官はなぐるなど乱暴を働く場合も多かった。警官の暴力に対して朝鮮人が抗議をしたところ、縄で縛られ、三時間以上もくくりつけられる事件まで起きたという(17)。

移転させられた住民たちも悲惨な状況に置かれていた。「朝窒会社は曩《さき》に会社用地として湖南里《ホナム》・福《ボッ》興里《クン》の里民約二百戸の宅地や田畑を買収したので、それら里民の大部分は九龍里《クリョン》に移転した」が、「九龍里に移転後彼らは非常な生活難に陥」ったとする。「九龍里へ移転して失業せるものは百四十七戸の中百二戸」で、収入もまた大幅な減少となった(18)。

チッソによる興南の土地買収の強権性は、当時から批判されていた。赴戦江発電所建設時の事例だが、『東亜日報』の「発電所用地売渡の強要」という記事(一九三二年三月六日付)は、買収地域の面長が土地所有者を郡庁に呼び出し、「出入口には郡属刑事らを派守〔派遣して見張らせる〕し、通信記者の出入りを禁じたのち、郡守、〔警察〕署長の立会下で」土地売却を要求したことを伝えている。一部の土地所有者はそうした中でやむをえず承諾したというが、一部は最後まで拒絶したという。記事は、「一個営利会社との土地の売買において、郡守、署長ら地域有力官憲が地主〔土地所有者〕を一室に招致し、その威力のもとに売却を強勧することは、人民の権利を蹂躙《じゅうりん》した行為だといわざるを得ない」と批判する。

次に長津江発電所ダム建設における土地買収問題を検討する(19)。ダム用地として買収対象となっていた長津郡は、自作農地帯であり、生活程度は必ずしも高くはないが、農家の大部分は自己の農作物で一年の生活を維持できるほどであった。のちに長津江はチッソによって「開発」されるが、当初、水利権は三菱が持っていた。三菱もまた水力発電所を建設し、化学肥料工業などをおこそうとしていた。

三菱による買収工作は、やはり官憲とも連携しながら、一九二七年一〇月からはじめられた。これに対して、地主会による強力な抵抗がおこなわれた（「地主」といっても、この場合は他人に土地を貸すような存在ではなく、自らが耕す土地を持っているという程度の意味であった）。その背景としては、自作農が多いゆえに広範な連帯が可能だったということや、祖先伝来の土地を離れる苦痛、経済的な打撃などがあった。一九二九年三月一二日、地主会は声明文「無理な要求に応じないことは、人間の自由と正義」を発表して抗議している[20]。

結局、世界恐慌による経済の沈滞と、土地買収の行き詰まりによって、三菱は土地を買収できなかった。そうした中、一九三三年に水利権はチッソへ渡り、水力発電所建設のため土地買収が開始された。土地買収は順調に進まなかったが、工事だけは開始された。これに対して地主の抗議がおこなわれたが、チッソは当局に働きかけ、土地収用令の適用をほのめかして脅迫した。さらに、幹部七人が検挙されている間に、地主会は解散となり、住民側の妥協により土地買収が進められた。このようにダム建設においても、チッソは朝鮮総督府の権力を背景に買収を実施したのである。

次に、植民地に建設された水力発電所の特徴を検討しよう。発電所建設に関わった萱島秀伸は、「赴戦江、長津江の電源開発の特徴は、大貯水池を持つ流域変更方式ということです。文字通り流域を根こそぎ変えちゃう」と敗戦後の証言の中で述べている。流域変更方式は、もともとある方向に向かって流れていた川の流れを全く別方向に変えるというものである。これにより高低差が大きい方向に水を落とすことで、大量の電力を得る。そして、この方式の「メリット」は、「電気には量と質があるけど、発電量が大きく、電気の質が良いんだ」と述べている。いいことずくめのようであるが、そうではない。萱島はいう。「内地じゃ流域変更方式はとてもできんですよ。ダムの下流は川一つまるまるなくなっちゃうんだから、いろんな問題が起きますよ」。地域住民に配慮をしなくてはならない「内地」、すなわち日本本国では、川の流れを変えてしまうことは大問題になるから到底できない。しかし、植民地朝鮮であれば住民への配慮がいらないと考えられていたからできたということであろう。また、萱島によれば、朝鮮・中国の国境河川である鴨緑江にチッソが建設した水豊ダムでは、「川の途中に大ダムを造り流れを塞ぎ上げて落差を得て発電した」という。(21)

萱島が指摘するように植民地朝鮮におけるチッソの水力発電所建設は、流域変更方式（赴戦江・長津江）と、巨大ダムを建設して落差を利用する大ダム方式（水豊ダム）を特徴としていた。これらの方式は、季節ごとの降雨量の変化による影響を調整し、高い落差を活用できるという点ではメリットがあったとされる。ただし、日本本国で主流となっていた水路式発電に比べ、ダムの崩壊および土砂崩れのような安全上の危険度が高かった。そのため、チッソの担当者が、日本本国において流域変更方式と大ダム方式でのダム建設を提起した際に、地域住民と土木技術者による批判を受けて、結局計画が霧散したという経緯があったという。この点からも住民を軽視してもよいと日本側に考えられていた植民地だからこそ、実現できた方式だということが見えてくる。(22)

流域変更方式は、朝鮮社会にさまざまな矛盾を引き起こした。たとえば、三水《サムス》郡には、林業を生業としている人びとがいた。この人びとは、密林を伐採し、筏《いかだ》に組んで長津江に流していたのである。ところが、長津江発電所が完成すれば、長津江の水量が激減し、流筏作業ができなくなってしまうとされていた。(23)

大ダム方式を、規模の面から見ておこう。水豊ダムは実に巨大で、その堤体積は三一一万立方メートトルに達していた。これは、敗戦前の日本本国最大のダムである三浦貯水池ダム（岐阜県）の堤体積の七倍以上だった。また、水豊発電所の発電量は、最大七〇万キロワットとして計画された（実際は六〇万キロワットとなった）。敗戦前の日本本国最大の発電所が東京電力の信濃川発電所（新潟県、一六万五〇〇〇キロワット）であり、朝鮮内でもチッソが建設した赴戦江・長津江の発電所は二〇万～三三万キロワット程度であったことを踏まえると、水豊ダムの規模が群を抜いていることがわかる。[24]

これほどに大規模な発電所を建設したということは、それだけ犠牲になったものがあるということである。萱島秀伸は、水豊ダムについて「移住させたのが七万人。〔中略〕戦後日本ではね、日本発送電（電力の戦時統制を目的とした日本の国策会社。一九五一年解散）の技師長が、二〇軒以上水没にかかると補償問題がやかましいので、水力発電所はできんと決めとったんだ。片や二〇軒、片や七万人だよ」と述べている。[25] なお、敗戦後の日本におけるダム建設による水没戸数は、一九六五年完成北上川水系和賀川の湯田ダム（岩手県）が五六五戸で最も多い方だといわれている。[26]

チッソと地域支配

チッソが工場を建設した興南について見てみよう。[27] チッソの進出以前に、そこには「興南」という地名は存在しなかった。のちに興南とされる地域である雲田《ウンジョン》面・西湖《ソホ》面では化学肥料工場用地の確保が進められていたが、一九三〇年一〇月にこの二つの面の一部をあわせて新たに興南面という地域がつくりだされた（面などの朝鮮の地方制度については→コラム3　九三頁参照）。興南面という行政区画は、チッソのためにつくられたものといっても過言ではない。チッソの野口遵は、一九二八年五月に朝鮮に渡ったあと、一九三〇年一〇月に興南面の初代面長となった。さらに、一九三一年一一月一日には興南面が興南邑に昇格したことに伴って、野口は同邑長となっている[28]。チッソのトップが地方行政の長も兼ねるという形で、企業・行政が一体化していたのである。

一九二七年の段階において、のちに興南とされる地域の人口は、五〇〇〇人あまりであったとされる。この地域は農村地帯だったから、大部分は朝鮮人であったと考えられる。だが、その後、一九三一年一〇月の段階では、二万五〇〇〇人ほどになったという[29]。この内訳が重要であるが、一九三一年前半での戸数は、朝鮮人三三六九戸、日本人一五五五戸であった。日本人は全戸数の三割を超えていたのであり、チッソの進出がこの地域を大きく変えたことがわかる[30]。

一九三〇年代においては、府や邑には、府会や邑会と呼ばれる地方行政に関わる議決機関が置かれていたが（→コラム3　九三頁）、朝鮮人の意見を行政に反映させられるものではなかった。大部分の府や邑では、納税額等による制限選挙のため、人口のうえでは少数に過ぎなかった日本人が、府会や邑会では多数を占める状態であった。一九三二年段階での興南邑会の構成員は、日本人一一人、朝鮮人三人であり、日本人が圧倒的多数を占めていた。邑会議員の一人である永里高雄は一九二七年に朝鮮に渡り、朝鮮窒素肥料株式会社の取締役となった人物である[31]。

興南邑において、一九三一年前半時点で有権者数は朝鮮人三三六九戸中二六、日本人一五五五戸中五六であった。日本人の方が裕福な者が多く、朝鮮人は極めて少なかったのである[32]。

興南住民の多くの経済状態は決してよいものではなかった。一九三二年頃、興南では「細窮民」が三二〇〇人あまりおり、掘っ立て小屋である「土幕」（→コラム4　一三三頁）で生活する者が四九人を数えていた[33]。一九三四年の行政の報告によれば、「本邑は住民の大部分が朝窒会社職工等下層階級に属し、公益質屋の利用者予想外に多く」といった状況があった[34]。

興南邑では都市整備事業などが推進された。そうした中で、一九三二年二月一六日の興南邑会では、都市整備のための土地提供に応じない住民が問題視されていた[35]。興南邑会では、常にチッソ側の立場から議論がおこなわれたといえる。

チッソと性買売

朝鮮のチッソ工場へは、多くの水俣出身の日本人が渡った。「水俣に居たら食いはぐれも同然だし、興南に行けば仕事もあるじゃろ、て朝鮮にあこがれて、弟と二人で海を渡った」との証言があるように、水俣での「底辺」生活を脱するために朝鮮に行こうという人びとが多かった[36]。実際、朝鮮に行くと、その生活は格段に向上した。水俣のチッソ工場にいたときよりも、「朝鮮手当」などで給料が一段とあがる。

「今度は自分が野口遵じゃ」

水俣から興南へ渡った日本人労働者の松本逸は、そのように思ったという。松本は、朝鮮の工場に来ると、「朝鮮人はぼろくそ使え。朝鮮人からなめられるな」との指示を受けたという。松本は、「朝鮮人は人間として見るな、人間の内にいれちゃならんぞという指示じゃ、て私はすぐ思った」という。そして、そのことを言い表したのが、「今度は自分が野口遵じゃ」との言葉だったのである。水俣では「職工は牛か馬かと思って使え」との言葉が野口遵の発言として言い伝えられていたという。実際に野口がこの言葉を述べたかどうかはわからないが、そうした話が信憑性を持ったものとして伝えられていることが重要である。松本は、「朝鮮人はぼろくそ使え」との指示を、「職工は牛か馬かと思って使え」といわれていたのと同じように、「そういう腹で朝鮮人を使え、朝鮮人に情けをかけちゃだめ」という意味だと理解したという(37)。このように水俣では底辺だった日本人は、植民地に出て行った途端、朝鮮人を支配する側へとまわったのである。水俣出身の日本人は、チッソの労働者支配の中で差別意識を内面化し、植民地朝鮮に君臨することになったのである。

水俣から興南へと移り住んだ日本人にとって、植民地は「天国」のような場所だったといわれる。そうした日本人の意識を支えたものの一つとして、朝鮮における性買売の存在がある。日本人男性たちは植民地朝鮮において、支配者という立場から「買春」したのである。ここには民族差別と性差別の絡まり合いが見られる。

朝鮮における性買売を拡大させたのは他でもない日本であった。朝鮮にはもともと、国家による公認を受けた性買売制度としての公娼制度は存在しなかったが、日本による植民地化とともに、日本の公娼制度が持ち込まれた(38)。朝鮮に新たにつくりだされた公娼制度は、朝鮮を侵略する戦争の中で持ち込まれたものであるという点で軍事的色彩が強く、日本本国以上に日本軍との結びつきも強固であった。公娼制度は女性の人権を深刻に侵害し、自由を奪ったという点で、性奴隷制度というべきものであった(公娼制度は、日本軍「慰安婦」制度へとつながっていった)。こうした中で、朝鮮では性買売と人身売買が拡大していった。ソウルや釜山などの都市はもちろんのこと、特に一九三〇年代にはチッソ興南工場周辺、すなわち、興南や咸興などの地域に性買売がおこなわれていた貸座敷や料理屋などが建ち並ぶようになった。これは、チッソ工場・水力発電所建設の従事者などによる利用を見込んでのことである。
敗戦後の日本人の証言の中には、興南やその周辺での性買売の経験を語るものも少なくない[39]。興南周辺の貸座敷や料理屋の隆盛は、チッソの「繁栄」を象徴するものとして日本人側に意識されたと思われる。戦場で発生する集団レイプが、「勝利」の象徴的な儀礼とされるように、植民地において性を搾取する行為は、日本人側にとっては支配者としての自己認識を強めさせた。そして、そうした中で、人権と尊厳を蹂躙される朝鮮人や女性たちが置かれていた過酷な状況への想像力を一層痲痺させていったと考えられる[40]。

チッソ関連の工事によって貸座敷や料理屋営業者などは、経済的に潤ったようである。一九三四年に、興南に隣接する咸興《ハムン》府の府会(→**コラム3　九三頁**)で、ある日本人有力者は、「料理屋、貸座敷営業者の御客の大部分は夫等(チッソ関連)工事関係者であるのです」と発言している[41]。特に、大規模な長津江水力発電所工事がはじまると、料理屋はそれまで以上に盛況となった。『東亜日報』(一九三五年九月四日付)によれば、長津江水力発電所工事が本格化したのちの、咸興の料理屋の一九三四年の一年間の収益は、前年の二倍まで増加したという。利用人数とその利用額は日本人が一万三九九七人、八万八七二一円(一人あたり約六・三四円)、朝鮮人二九一三人、五七四三円(同一・九七円)、外国人二〇人、一二一円(同六・〇五円)であり、利用人数でもその額でも日本人が圧倒的な割合を占めていた[42]。大部分はチッソ関係者だと考えられる。

次に、こうした性買売などによる収益は、植民地の地方財政を支えていた。右で見たように、チッソ関係者により貸座敷や料理屋が隆盛を極めていた咸興府の地方財政から考えてみよう。一九三四年度咸興府予算案[43]から、府の財政に占める性買売からの税収を明らかにすることができる。

一九三四年度の府予算経常部の歳入合計は二二万三五七〇円であるが、この半分近くが、府税一〇万三〇二七円であった[44]。ただし、府税は、都市整備のために臨時に設けられた税[45]によって膨れあがっており、それを除けば、七万二七六九円であった。

このうち、性買売に関わるものを示せば、①特別営業税（芸妓置屋業）一二二円五四銭[46]、②特別営業税（貸座敷業）は七四八円八六銭[47]、③雑種税（芸妓・娼妓）一四七九円三六銭[48]、④助興税二六七七円である。①〜④の合計は、五〇二七円七六銭であった。実に、府の税収（臨時的税を除く）のうち、約七％を占めていたのである。

助興税は、咸興府では一九三四年度から新たに導入されたものであった[49]。その導入理由としては、「急激なる府勢の進展」にもかかわらず、都市施設が不足しており、これを拡充する上で財源が不十分であるということが示されている。チッソの「城下町」の一つともいうべき咸興府の都市整備を遂行するにあたって、重要な財源と位置づけられていたのである。なお、府は、日本本国で導入されていた遊興税が業者に課税するのに対して、助興税の場合は遊興客に賦課するので、営業者の負担増にはならないと説明していた。しかし、後述するように営業者の反発を招くことになる。

助興税の課率上限は府では七％としており、毎年税率を決定するとしていた。一九三四年度は初年度にあたるので当初は六％の計画だったが、営業者の前年度の収入が減少したという理由をあげ、三％で予算を組んでいた。したがって、本来であれば二六七七円の二倍の五〇〇〇円強の収入を見込んで、新設された税だったのである。その税率であれば、性買売に関連するものだけで、税収（臨時的税を除く）

の一割程度を占めることになる。

咸興府は朝鮮王朝時代、咸鏡道の政治的中心であったが、植民地期に入ってからは日本の経済政策の面では重視されていなかったため、経済規模は小さくなっていた。通常の税収では、「企業城下町」としての「都市整備」の費用を負担できる状況にはなかったのである。そこで注目されたのが、性買売に関連する税収だったと見ることができる。咸興府においては性買売が急速に拡大しており、府財政もそれに対する依存度を強めることになったのである。

地域政治への影響は財政面にとどまらない。咸興府に設置されていた咸興府会では、料理屋営業者が議員となっていた。制限選挙で選出された一九三四年時点での咸興府会議員は二三人いたが(50)、このうち内田半十と池田金治郎の二人は料理屋などを営んでいた(51)。なお、『咸鏡南道の事業と人物名鑑』(一九二七年)には、当時「社会的名望」があったと思われる貸座敷業者たちが複数名掲載されている。府会議員となった二人の背後には、こうした有力者の存在があったのだろう。

一九三四年の咸興府会では、日本人の議員が、助興税の導入に強く反発していた。料理屋を経営していた議員池田金治郎は「助興税」に強い反対の意思を表明している。「条例案の理由書を見ると、之は遊興者に転嫁するものであるから、業者には大なる苦痛なかるべしと理由が附してあるが、之は大なる謬見《びゅうけん》で見方の相違であります」と発言し、事実上営業者への負担増となることを糾弾しているのである(52)。

このように日本人有力者と府の間では、利害対立があったのであるが、それは本質的なものではない。府が植民地支配の財源を確保するために営業者にも事実上の負担を求めていたのに対して、日本人営業者は自らの利益を最大限確保することを目指していたというだけである。いずれも植民地支配と性買売の拡大を推進する立場であった。

また、ある日本人府会議員は、性買売以外の商業の観点からいっても、助興税は問題があるとの発言をしている。すなわち、助興税がつくられれば、税金を避けるために客はほかの地域に流れてしまう。そうすると、ほかの商業もまた客の減少は避けられない。つまり、咸興における商業、その主要な位置は日本人が占めていたわけであるが、これは性買売による集客力に大いに依存していたのである。

結局、助興税は導入されたが、先に見たように性売買はますます隆盛を極めていった。

咸興の日本人有力者にとって、性買売による利益は莫大であり、ほかの日本人を中心とした商工業者をも潤す存在であった。そして、性買売などで利益を得ている日本人が、地方議会の有力なポジションを占め、地方行政に大きな影響を与えていた。重要なことは、性買売を支えた主要な客層はチッソ関係者だったということである。すなわち、チッソは莫大な利益を日本人の貸座敷や料理屋の営業者にもたらし、その営業者の支払う税金が植民地支配の財源となったのである。

チッソは民族差別と性差別を組み込みながら、朝鮮の地域社会に君臨したのであった。チッソや関係する日本人の支配者としてのメンタリティは、ますます強化されたことであろう。先に見た公害は、このような構図の中で引き起こされたのである。

植民地下のセメント工場の公害事件

本章の後半では、一九三八年以後に発生した黄海道《ファンヘド》鳳山《ボンサン》郡の浅野セメント工場の公害事件とそれに対する住民の闘争を詳細に検討する。この事例が現在、最も多くの史料（新聞記事）を見ることができる公害事件だからである。

　それに先だって、史料は限定され、不明な点は多いものの、その他の会社が引き起こしていた公害や鉱害についても簡単に言及しておきたい。まず、検討したいのが小野田セメントによる公害事件である。これは二つの事例がある。

　第一に、平壌《ピョンヤン》の勝湖里《スンホ》である。小野田セメントは、一九一七年二月よりここで用地買収を開始したが、同社の社史によれば、用地買収は「困難」であったという(53)。この工場は、少なくとも一九三〇年代には公害を引き起こしている。

　江東《カンドン》一記者「煙突の被害」(『東亜日報』一九三五年七月一三日付)は、セメント工場から排出される石灰粉は衛生上害毒が少なくなく、人体に有害であると批判する。排出物との因果関係は断言していないが、工場に「十余年間勤続してきた職工十余名が肺結核にかかり、呻吟《しんぎん》している」と述べる。また、勝湖里内の「肺結核患者を的確な数字で明示することはできないが、確聞したところによれば、数十名に達するという。これは前にはなかった現象である」とする。

　さらに、江東一記者「セメント会社煙突の被害問題」(『東亜日報』一九三七年六月二七日付)は、煙突から放出されるセメント粉末が青空をおおい、呼吸にも困難を感じるとする。工場附近では松の木が枯れたという。また、これが原因なのかは詳細にはわからないとしたうえで「此地方の児童死亡率が他地方に比してはるかに高く、今春にもこの狭い地方で百余名の児童が死亡し、肺結核患者がまた甚だ多い」とする。だが、「住民大多数が会社に勤務している関係で沈黙をまもって堪えている」とする。勝湖里の事例についてはは現在これ以上のことはわからない。

もう一つは、小野田セメント古茂山《コムサン》工場である。小野田セメント会社は、一九二七年頃から調査を続け、一九三三年四月より工場敷地選定に乗り出し、一九三四年咸鏡北道富寧《プリョン》郡西上面古茂山《ソサン》を選んだ。そして、工場を建設し、一九三六年六月より操業した(54)。

一九三七年、健康被害と農作物被害が続出するという事件があった。呼吸器系の患者が急増したという。そうした中で、小野田セメント側が「誠意を見せない」ので「市民大会」が開催された(55)。しかし、その後も状況改善の見通しはなく、道会議員が仲裁に入るも、小野田セメント側に誠意がなく、悪化する趨勢と報じられていた(56)。これについても残念ながら、以後の状況は不明である。

いずれも続報がないということ、また後述するほぼ同じ時期の浅野セメント公害事件で適切な対策がとられなかったことを踏まえれば、この二つの工場においても対策がほとんどとられなかった可能性が高いだろう。今後の調査が必要である。

稷山鉱害事件

次に忠清南道《チュンチョンナムド》の稷山《チクサン》金鉱の公害事件をとりあげたい。一九〇〇年、日本側は同鉱山の利権を獲得していたが、植民地期に入ると同鉱山はアメリカ人によって経営されていた(57)。

日本語新聞『釜山日報』の「水田一千余町歩　鉱毒の惨禍を蒙り」（一九一八年四月二四日付）によれば、「稷山は有名なる金鉱の所在地として普《あま》ねく人の知る所」であったが、一九一七年から一九一八年にかけて「鉱毒の惨禍、附近の畓（水田）を襲ひ、之が為め農民等の恐慌一方ならず、形勢不穏の兆ある」状況となった。一九一七年からの採金の拡大に伴い、その精錬過程において青酸カリの使用量が増え、鉱毒が川に放出されているというのである。さらに、「今(一九一八年)や鉱毒は既に一千余町歩に及し農作物の生育不良を極むる」とし、農民の抗議の動きを伝えている。しかし、「会社側にては馬耳東風と聞流し、別に救急の法を講ぜんとも」しなかったという(58)。

ところが、『釜山日報』(一九一八年五月一一日付)によれば、稷山金鉱側が賠償することで、事件は「解決」したとされる。「解決」にあたっては朝鮮総督府・地方行政庁が仲介した。ほかのケースでは公害が放置されることが多かったにもかかわらず、ここではなぜ「解決」が可能になったのだろうか。理由としては二つのことが考えられる。

第一に、アメリカ資本による経営という点である。朝鮮総督府としては、日本以外の権益は排除したいというのが本音であっただろう。日本人経営ではないので利益を擁護する必要性は低く、この機会に稷山金鉱側に圧力をかけるというねらいもあっただろう。なお、『釜山日報』(一九一八年四月二四日付)では、日本人側が朝鮮人を煽動して対策を求める運動が起きたのではないかと稷山金鉱側が疑っていると記されている。

第二に、朝鮮南部は米作地帯であり、朝鮮総督府の農政上重要であったという点である。特に、日本人地主も多くの土地を所有していたことは看過できないことであろう。実は、チッソや浅野セメント、小野田セメントなどは、みな朝鮮北部において公害事件を引き起こしていた。朝鮮北部は米作地帯ではなかったので植民地農政上は重要性が低かった。

また稷山金鉱では、鉱害以外にも、採金のために大量の水を使用し、農家の灌漑用水の欠乏をもたらしたという事件が起こっていた。この点も影響した可能性がある(59)。朝鮮北部の公害問題と異なる対応がとられたのには、そのような背景があったのではないかと思われる。

以上のように、稷山鉱害事件は深刻な被害をもたらしたものの、曲がりなりにも「賠償」がおこなわれ、「解決」したとされている。もちろん、本当に完全な解決がなされたのかについては慎重に判断する必要があるものの、朝鮮総督府が公害事件を問題視すれば、対策をとることができたという事実は重要である。ほかの公害事件において、まともな対策がとられなかったこととは対照的といわねばならない。

工場が設立された地域の状況

それでは、黄海道鳳山郡の浅野セメント工場の公害事件を検討していこう。

鳳山郡は、主要産業は農業であり、農業人口が多数を占めていた。特に工場が設立された地域である同郡内の土城《トソン》面や、隣接する文井《ムンジョン》面は、人口の大部分を朝鮮人が占める農村であった(60)。

日本本国の浅野セメント株式会社は、一九三六年に朝鮮浅野セメント株式会社を設立した（本書では、朝鮮浅野セメント株式会社を含めて、浅野セメントと呼ぶ）。この背景には「工業化」政策に伴う朝鮮内におけるセメント需要の急増があった。浅野セメントは、土城面に「優良豊富なる石灰山を発見」し、一九三七年四月一三日に第一期の工場建設に着手し、一一月に工場完成、試運転を開始した(61)。

工場の設立に伴って、「商業者」「労働者」が集まってきて、人口が四〇〇〇人程度増加したといわれた(62)。こうした人口変動は、当時の朝鮮社会ではよく見られたことである。南部を中心とした農村の困窮を背景として、どこかで工事があると話を聞くと、多くの人びとが殺到したのである。仕事を求めて、各地を転々とする人も多かった。

人口の急増は、地域社会にとっては大きな変化である。従来の農村に加えて、新たに労働者(そこには日雇いなど不安定な就業層が多く含まれていた)、商人などが住む地域が形成されたと考えられるだろう。また、急速な人口増加とともに、教育機関の不足が問題化していた(63)。

こうした中で、一九三七年土城面長禹鼎鏞《ウジョンヨン》は、「市街地区域拡張」などを準備していると報じられている(64)。これは都市基盤を整備することで、浅野セメントとともに、地域の「発展」を目指す路線と見てよいだろう。なお、面長は郡守による任命制であり、地域住民の利害を代弁しているわけではない。

一方、工場の設立は、地域社会に軋轢《あつれき》や葛藤を引き起こしていた。まず、浅野セメント社宅建設のため、牛馬車はもちろん住民が利用する「絶対生命道路」の通行が遮断されるという事態が生じたという。住民は遠回りして馬洞《マドン》の市場まで行かなければならなくなり、住民代表の金冕琦《キムミョンギ》は浅野セメントに抗議した(65)。また、工場設立のため堤防が壊されたが、代替の治水工事はおこなわれなかった。このため一九三七年夏に、大水害を引き起こした(66)。これは人災というべき事態である。以上のように、公害発生以前から地域住民との間に軋轢が生じていたのである。

被害の実態と住民の抗議運動

それでは、工場による公害被害は、どのようなものだったのだろうか。朝鮮語新聞の『朝鮮日報《チョソンイルボ》』(一九三八年五月六日付)によれば、毎日煙突から放出される煤煙と石粉のせいで「近隣に住む住民たちは両目を開けることもでき」ず、「眼病」が流行し、「呼吸器の故障」まで生じるなど、「衛生上悪影響」が生じていたという。さらに、農業にも被害を及ぼし、「この地の名産である養蚕・綿花のようなものは全滅状態に陥り、農業の被害は実に莫大である」という。こうして工場は、「直接生活を脅かす障害物」となったのであり、「住民たちの間には、到底ここでは生活できないとして、慣れ親しんだ故郷と別れを告げ、他郷へ離散する」などの動きが生じた。そして、こうした被害が生じたのは、浅野セメントが工場設備の「費用を節約し」、防塵設備（前述の収塵装置と同じものを指すと考えられる）を設置しなかったためであるとし、「責任を会社側でとることは当然」と住民が主張していることを記事は報じている。

浅野セメントは、当時すでに存在していた防塵設備を意図的に設置せず、その結果公害が引き起こされたのである。先に論じたように、植民地に対する差別の結果といえよう。

また、特派員郭福山《クァクボクサン》の記事「農作被害は勿論、煙毒に患者続出　防塵装置〔を設置〕しないことが根本原因」（『東亜日報』一九三八年五月二二日付）は、「住民中に煙毒により急性結膜炎および扁桃腺炎患者が続出」したと報じている。

次に、住民側の抗議運動を見ていこう。以下の叙述で使用する史料の内容から判断して、運動の主体は農民であり、農村の共同体を前提とした活動であると思われる。新たに移住してきた労働者・商人との連携はおこなわれていないようである。移住してきた人は定着性が高いわけではなかったこと、また浅野セメントに雇用された人は抗議が難しいといった事情もあったように思われる。それでは、運動の展開過程を見ていこう。

住民の郭柄国《クァクピョングク》をはじめとした二百余人は、三月一一日に沙里院《サリウォン》警察署と鳳山郡に陳情し、善後策を考えてほしいと嘆願したという。それ以前から、浅野セメント側にも四、五回ほど陳情してきたが、全く誠意ある対応をしてもらえなかったため、非常に不満が高まっていた。当事者たる農民五百余戸、一三〇〇人は、ちょうど農繁期にあたっていて、生死に関わる問題であると考えられていたとも伝えられている。そして、どのタイミングかはわからないが、住民たちが浅野セメントの工場長を訪ねたところ、工場長が「この問題については今善後策を講究中であり、もとから不可抗力のことであるから、どうしたらいいかわからない」と発言したことも報じられている。[67] これは極めて無責任な発言である。

さらに、三月二九日には浅野セメントの対応に不満を爆発させた群衆が、工場前に殺到して対策を要求したが、沙里院警察署により解散させられた。[68]

四月に入ると、鳳山郡や沙里院警察署が介入し、調停案を提示した。[69] 郡・警察の調停案の内容は、①浅野セメントは防塵設備を設置することとし、同設備が完成する一九三九年末まで毎年五〇〇〇円、二年間で計一万円を同社から「慰問金」として支給、②農作物被害については結果を見て「適当に考慮する」といったものであった。

これに対して住民の要求は、①防塵設備が完成するまでの操業停止、②万が一それが不可能な場合は、防塵設備が完成するまで移住するので、移住費として一戸当たり二〇〇円ずつ、四〇〇戸に合計二二万円の支給（計算上は二〇万円となるが、ここでは原文通りとした）、③堤防を完備して水害を防止すること、④農作物被害の補償であった。このように調停案は住民の要求とは相容れないものであり、住民は調停案を一蹴した。この調停案からもわかるように、郡・警察は浅野セメント側が有利となるように動いたといえるだろう。

ところで、調停案にある「慰問金」は額が少ないことに加えて、なにより「慰問」という言葉自体が浅野セメント側の責任を認めないものであるという点で、問題である（別の史料には「見舞金」との表記もあったが、同様に問題である）[70]。

五月二一〜二三日、住民代表は黄海道知事姜弼成《カンピルソン》に陳情した。これを受けて、姜は浅野セメントに対して「工場に防塵機械を速やかに設備せよという厳重な警告を発した」。ただし、姜の対応は十分とはいえない。「警告」するだけでなく、さらに踏み込んだ対応をとらなければ公害問題の解決は不可能であった。

知事への住民代表の陳情について報じる『東亜日報』（一九三八年五月八日付）は、「馬洞セメント工場が今日の失態をなしたのは、工場設置の最初から全くの故意より生じたものだという。浅野セメント工場といえば、全国各地方に数多くの工場があり、〔中略〕防塵機械がなければ附近住民の生活上重大な問題を惹起するということ程度は、知らないわけがない」と述べている。浅野セメントの責任を明確に追及しているのである。さらに、五月五日には、住民代表は朝鮮総督府に陳情した[71]。

住民の大規模な検挙

五月一八日、工場へ集団交渉に行った数百人の住民のうち、五〇人程度が警察に検束されるという事件が起こった。これに対して、新聞各紙の報道には差異がある。各紙の内容を順に見てみよう。

①日本人が発行する『大阪朝日新聞　朝鮮西北版』（一九三八年五月二一日付）は、二〇〇〜三〇〇人の住民が工場を「襲撃」「暴行」し、沙里院警察が検束したこと、住民が工場施設を破壊し、工場長のほか職工二人・守衛四人が負傷したことを報じている。

②朝鮮人が発行する『朝鮮日報』は、まず一九三八年五月二〇日付記事で数百人の住民が工場を「襲

撃」し、沙里院警察署が住民たちを連行したと報じている。ただし、記事中でも「まだ事件の詳細な内容はわからない」と述べていることから、報道の段階では十分に取材ができていなかったようである。さらに、翌二一日付では「感情爆発」と見出しに掲げて、警察署署長の発言内容を事件の「詳報」として掲載している。

③朝鮮人が発行する『東亜日報』(一九三八年五月二一日付)の報道は、右の二紙とは異なる。特派員郭福山が書いた記事によれば、住民が大幅な妥協案を持って、工場に集団で交渉しに行った。しかし、守衛は住民が「襲撃」に来たと誤認し、支配人との面会を拒否した結果、「騒動」が起こり守衛二人が負傷した。これを浅野セメント側が警察に通報し、警察は「貨物自動車」で押しかけてきて五〇人あまりが検挙されたとする。(72)

『大阪朝日新聞』が住民側の暴力性を強調し、また『朝鮮日報』も警察署長の話を載せて住民の「感情爆発」を強調している。それに対して、『東亜日報』は、住民は妥協案を準備していたうえに、守衛二人が負傷するきっかけになったのは、守衛側の「誤認」と面会拒否によるものであるとする。住民の暴力は、限定的であると見なされている。真相は不明だが、『大阪朝日新聞』や警察発表に基づく『朝鮮日報』の報道が、住民の暴力を実際より誇張している可能性がある。一方、『東亜日報』の記事は、特派員による現地取材に基づいたものであると記されているので、比較的信頼性が高いようにも思われる。

仮に『東亜日報』の報道が事実であれば、小規模な事件であったにもかかわらず、警察と一部の新聞が連携して、あたかも大規模な「襲撃」が起こったかのようにとりあげ、大弾圧を正当化したという可能性も考えられる。事実はわからないが、いずれにしても、工場側が住民に被害を及ぼしていることを一切解決せず、住民を弾圧するのは不当である（仮に暴力的闘争があったとしても、強権的支配の下では当然の行為である）。

この事件直後に、住民側は浅野セメント側の条件に屈して「解決」が図られるのだが、五〇人あまりの検挙という重大な弾圧を前に、妥協を強いられたと解釈するのが妥当であろう。

この事件について、『東亜日報』『朝鮮日報』は社説でとりあげている。まず、『東亜日報』（一九三八年五月二一日付）は、暴力を選んだことは問題だとしても、住民にはそれをするだけの事情があったのであり、寛大な処分を要求するとしている。次に『朝鮮日報』（一九三八年五月二一日付）の社説は、住民が暴力を選んだことは問題であるが、だからといって浅野セメントの責任がなくなるわけではなく、浅野セメントは住民の訴えや被害を認識していたにもかかわらず、対策をとらなかったのは問題であるとする。両紙とも住民の暴力は正当化できないとの立場であるものの、住民に対して同情的であり、根本的な問題として浅野セメントの責任を追及している。

それでは、浅野セメント側の見解は、どのようなものだったのか。『朝鮮日報』の特派員金晩炯《キムマンヒョン》の取材に応じた浅野セメントの事務部長高橋の発言は、次のとおりである。①「朝鮮に我々浅野セメント会社が設置されたことは朝鮮同胞としては歓迎すべきである」。②「セメント粉を吸い込んだからといって、呼吸器が駄目になる例はない」。それはセメント工場で作業する職工たちの健康を調査した結果からも明らかだと主張した。これは、住民たちの健康被害の訴えを一切無視した発言であるが、そのうえで、「こうした大会社附近で生活していくのであれば、煤煙程度は覚悟しなければならないのではないか？」とまで述べている。また、日本本国でもいくつも工場があるが、煤煙問題で住民がこのような「暴挙」に及んだことはないという趣旨の発言もしている。③防煙設備（収塵装置のことであろう）については、設置する「経済力もなく、総督府からこれにいかなる指示もなかったので、煤煙防止施設の問題は眼中にもなかった」とした。このように浅野セメントの責任を、徹底的に否定したのである。[73]

住民の全面的な妥協

事件後、警察は工場を警護し続けた。また、検束者への取調べがはじまり、『朝鮮日報』の新聞記者が浅野セメント側に面会を要求しても警察官立会の下でしか許可されなかった。[74] 威圧的な状況が続いたのである。

五月二九日、住民代表一三人は、鳳山郡守、沙里院警察署長、新聞記者団の参席の下、浅野セメントの会議室で浅野セメント側と面会した。[75] そして、住民側が全面的に妥協した。これによって、浅野セメント側は防塵設備を一九三九年末までにつけること、また、堤防を設置することを約束した。さらに、浅野セメントは一万円を支給することにしたが、これは鳳山郡守を経由して土城面長へと渡された。この一万円については、①被害を受けた面は土城面だけではないのに土城面長に渡している、②面という行政単位と被害者は同じではない、といった点で問題である。このように一部住民、一部の面との「和解」を演出し、「解決」を図ろうとしたといえるだろう。

さらに浅野セメントは住民代表に「慰労」という名目で「金一封」を渡している。住民代表を買収しようとしたのかもしれない。

なお、五月一八日に検挙された住民の大部分は、前日の二八日に釈放されていたが、三人のみが引き続き拘束されていた。住民代表は、この場で三人の釈放を要求している。住民代表からしてみれば、三人を人質にとられているといってもよい状況だったのである。[76]

それでは、「慰問金」はどのように利用されたのだろうか。前述のとおり、「慰問金」は土城面長の手に渡っていた。面長とその周囲の数人は、「慰問金」を使って簡易学校（↓第二章　三五頁）の設立を画策した。背景としては前述の人口増加・教育機関不足があるように思われる。これに対して、住民たちは反発した。[77]住民たちは、「慰問金」で自宅などに独自に「防煙設備」（井戸や、味噌などが入ったかめ、家の出入口・窓をおおうためのカバーのようなものが想定されていた）を設置することを検討していたようである。そのため、「（住民側で自宅に設置する）防煙装置を中止して生命に脅威を感じさせてまで、学校を設立することはできない」と主張したのである。

ここで登場する土城面長は史料上名前が記されていないが、仮に一九三七年から交代していなければ、前述した禹鼎鏞であろう。禹は浅野セメントの進出にあわせて「市街地区域拡張」を目指した人物であるので、工場とは親和的である。面長が禹であるかどうかは別にしても、右の経緯から浮かび上がってくるのは、人口増加への対応を図ろうとする面長一派と、被害への補償を求める住民の間の対立である。面長の方針は、浅野セメント工場（の設立に伴う人口増加）とともに、公害には目をつぶりつつ、地域の「発展」を目指そうとするものであった。面内部には、従来から生活してきた農民たちが住む地域と、新たに移住してきた労働者や商人たちが住む地域が混在していたと思われる。そうした中で、面長は農民の側を切り捨てる政策をとったということになる。このように補償が「慰問」にすり替えられ、その

「慰問」すら、人口増加への対応としての学校設立にすり替えられていったのである。なお、簡易学校設立問題の帰結は不明である。

さて、前述のように、浅野セメントは一九三九年末までに防塵設備をつけると約束したが、一九四〇年三月にいたっても、「非常時」を理由に実行に移さなかった（一九三七年から日中戦争が続いていた）。これに対して住民は履行するように要求した。住民の動きは、郡・警察当局が「鎮撫」したと報じられているが、不満はくすぶっていたようである[78]。

ところで、まさに同時期である一九四〇年に発刊された社史『浅野セメント沿革史』は、収塵装置を全工場に設備したと次のように述べている。

深川工場の実績によりその後同様降灰問題に悩まされた門司（現在の福岡県北九州市）、川崎（神奈川県川崎市）其他各工場へも次ぎ次ぎにコットレル式収塵装置が設備され、現在に於ては全工場に亘ってその設備の完成を見るに至ったのである[79]。

これは日本本国に限定した説明なのかもしれないが、朝鮮の公害に対する言及はない。浅野セメントは日本本国での「降灰問題」の改善を自ら高く評価していたのであるから、それは当然植民地朝鮮に対しても実施されなければならなかったはずである。それにもかかわらず、浅野セメントは朝鮮では被害を防ぐ努力を怠っていた。さらに、問題が発生し、住民の抗議を受けたにもかかわらず、これと向き合わなかったのである。

日本公害史の再検討

ここまで見てきたように、植民地朝鮮では地域社会を踏みにじる公害事件が多発していた。住民たちは、そうした中で自らの生活をまもるために闘争したのだった。しかし、アメリカ人の経営であり、かつ植民地農政に影響を与える稷山鉱害事件を除いては、朝鮮総督府はまともな対策をとっていなかった。そして、こうした一連の歴史は現在までほとんど想起されることはなかった。

本章の内容は、私が二〇一一年三月以降に、水俣病について学び、また原発事故の問題について考える中で、調査してきた結果である。水俣訪問以前からチッソが朝鮮で収奪経営をしていたことは知っていたが、本格的に調べたことはなかった。だが、水俣訪問、そして原発事故以後、切実に調べなければならない問題であると感じられるようになった。

福島第一原発の事故は自分自身の研究に大いに影響を与える出来事だったのだが、それは私一人に限ったことではない。福島第一原発事故以後、日本の歴史学界では「開発主義」や公害の歴史総体を批判的に捉え直そうという気運が高まってきた。

小松裕「足尾銅山鉱毒事件の歴史的意義――足尾・水俣・福島をつないで考える」（歴史学研究会編『震災・核災害の時代と歴史学』青木書店、二〇一二年）は代表的な論考であるが、次のように述べている。

一八九〇年八月の渡良瀬川大洪水によって鉱毒問題が顕在化してからわずか一二〇年ほどのあいだに、私たちは、同じような加害・被害の構図を有する事件を、ほぼ六〇年おきに三度もくり返してしまった。〔中略〕足尾銅山鉱毒事件を手がかりに、水俣、福島とつないで考えることを通して、これからの日本近代史像は足尾を原点としなければならないことを強調したい。（六五～六六頁）

重要な問題提起であり、歴史学が果たすべき役割を明確に示したものである。ただし、公害の歴史が日本本国の内部で完結する形で、単線的に論じられている点には課題があるように思われる。植民地の公害や、戦後日本の「公害輸出」は、日本本国や日本国内での公害問題の「改善」と表裏一体であった。つまり、内部の矛盾を外部に転嫁したのであり、内部の公害問題の「改善」はナイーブには評価できないのである。こうした視点を持つことは、原発輸出の問題などを考える上でも重要であろう。

水俣病が発生した背景にも、植民地での公害の背景にも、差別があった。このように書くと並列的な印象を与えるが、大切なのは、この二つの差別の質的な違いである。一つ一つの被害がいかなる構造の中で引き起こされたのか、目をこらして考える必要がある。

植民地の公害は、日本の公害史、ひいては「日本近代史像」を語る際に、決して欠かすことのできない要素である。ただし、「日本公害史」「日本近代史」に、「植民地でも公害があった」というような形で記述が追加されればよいということではない。日本近代史の展開が、なにを犠牲にしてきたのか、その構造を捉えた歴史叙述こそが求められる。

コラム……3　植民地期朝鮮の地方制度

本書では、植民地期朝鮮の地域社会の事例を多く扱っている。そのため、ここまでにも「平壌《ピョンヤン》府」や「興南《フンナム》面」などの地方行政団体の名称に言及してきた。これらは日本の読者の大部分にとっては、なじみのないものであろう。

植民地期の地方制度は、一九三〇年代の段階では、概ね図1のようになっていた。道は上級の地方行政区画である。道の下は、府・郡に分かれるが、府が都市部、郡が農村部である（図には記されていないが、島嶼部では郡ではなく島という行政区画が設定された。島としては、鬱陵島《ウルルンド》・済州島《チェチュド》があった）。面は、日本でいう行政村に概ね該当する。面の下には洞・里があった。なお、邑は一九三〇年以前は「指定面」と呼ばれるものだったが、これは面の中でも府の状態に近いもののことであった。一九三〇年に、邑へと改称された。

日本の地方行政制度の場合、市制は人口二万五〇〇〇人以上の地域に施行するという要件があった。ところが、日本が朝鮮に施行した地方制度においては、そのような要件はなく、日本側の政策的意図に基づいて府が設置された。植民地支配の初期である一九一〇年代に府が設置されたのは、京城（現在のソウル）・仁川《インチョン》・群山《グンサン》・木浦《モッポ》・釜山《プサン》・馬山《マサン》・大邱《テグ》・元山《ウォンサン》・清津《チョンジン》・平壌・鎮南浦《チンナムポ》・新義《シニ》州《ジュ》の一二府であった。このうち京城・大邱・平壌には道庁が置かれており、新義州は朝中国境で鉄道の要地、そしてそれ以外は開港場であった。すべてに共通するのは、日本人の人口が多いということである。すなわち、日本の政治的・経済的な拠点を府として設定したのであり、日本人中心的な行政区画であった。府に

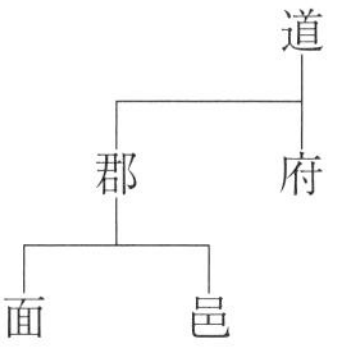

図1

は府尹(府の長)が置かれた。

第三章で見た咸興は、朝鮮王朝時代は咸鏡道《ハムギョンド》の政治の中心(観察使営所在地)であり、植民地期に入ってからも咸鏡南道庁が置かれていた。それにもかかわらず、咸興は植民地期の前半は面とされていた。それは、日本人の人口が少なく、日本から見て政治・経済的な重要性が相対的に低かったからであろう。ところが、近郊にチッソが進出し、咸興の日本人人口が増加して、政治的・経済的重要性が増すと、一九三〇年に咸興は府へと「昇格」しているのである。同じことは、第四章や第五章で検討する羅津《ラジン》にもいえる。羅津は小さな漁村で、面であったが、一九三〇年代に満洲侵略のための拠点として浮上し、日本人が増加したため、急遽一九三六年に府へと「昇格」させられたのである。

郡は朝鮮王朝時代の地方社会の基本単位を継承したものであり(↓第五章 一五七頁)、その長としては郡守が置かれていた(島の長として島司が置かれた)。

郡の下の面は、朝鮮総督府の地方支配における基本的な単位で、面長や面書記が置かれ、面事務所が設置された。面は、徴税事務のほか、土木・産業・衛生に関する事業をおこなった。

一九二〇年の地方制度改革では、道・府・面のすべてに諮問機関(道評議会、府協議会、面協議会)が設置された。府・指定面の協議会は公選制、普通面(指定面以外の面)の協議会は郡守(または島司)の任命制とされた。府・指定面協議会員選挙の有権者、府・面協議会員に選出・任命される者の資格は、二五歳以上の男子で当該府・面に一年以上居住して府税または面賦課金五円以上を納入するものに制限された。一九三〇年一二月地方制度改革では、府および邑には議決機関として府会・邑会がおかれた。面協議会は諮問機関にとどまったが、公選制となった。選挙の有権者資格の納税額による制限は従来どおりであった。府・邑会は議決機関へと昇格したが、首長と上級官庁による監督制度、議決制限が存在するなど、権限は不十分であった。地方諮問・議決機関は、納税制限のために社会上層の資産家に限定され、朝鮮人の上層を朝鮮総督府権力の側に引き寄せる政治的効果を得ることが意図されていた(80)。

府会が置かれたとしても、そもそも府は日本人人口が多いところであり、大部分の府において制限選挙の下で日本人議員が議員の多数派を占めるにいたった。邑も同じ傾向であった。そもそも右で見たように権限は不十分であり、「地方自治」とはほど遠いものであった。

このように府会などの議決機関は、朝鮮人にとっては欺瞞的なものに過ぎなかったが、府に在住する日本人にとっては自らの利害を政治に反映させるための重要な場であった。府会や邑会が議決機関とされたのは、そうした日本人の利害に配慮するためであったと思われる。咸興府において料理屋を経営する日本人議員が自らの利害に基づいて主張したのは、こうした構図の中で起こったことなのである。

第四章

忘れられた労働動員――棄民政策と荒廃する農村

韓国地方踏査

私は学生時代から、韓国・ソウル市立大学校国史学科の学科内行事である地方踏査《タプサ》に何度も参加させてもらっている。学部時代の指導教員が、同学科と共同研究してきた縁で、私を含む当時の学生を連れて参加していたのである。踏査は年に二度企画され、二泊三日または三泊四日で催される。バスに乗って、先史から現代まで歴史の現場をめぐるのである。夜はレクリエーションや懇親会が延々と続く。日本から参加した私たちも、そこに混ぜてもらい、深夜まで一緒に歌を歌ったりした。

同学科には、二〇〇五年の一年間、交換留学でお世話になった。留学中も踏査は最も盛り上がる行事だった。

そして、自分自身が大学教員になってからも、学生を連れて踏査に参加させてもらっている。踏査の魅力は、ふつうの観光旅行では行けないようなところまでまわることである。山奥までも歩いていく。朝五時に起きて、往復二時間かけて寺を訪れたことも忘れられない。暗くなるまでハイキングしたこともある。延々と続く田んぼの光景も印象深い。

農村や山間部だけでなく、地方都市も訪れた。ここでは、群山《グンサン》や木浦《モッポ》という地方都市のことを書いておこう。これらの地域には二〇世紀前半の建物が多く残されている。それだけ聞くと、「モダン都市」という感じもするが、歴史を踏まえればそのように肯定的なイメージで語ることはできない。日本人が建てたそれらの建物は、日本の経済的な収奪、特に米の収奪の拠点となったものばかりなのである。木浦でも群山でも日本人街の建物が今も残されており、かつて日本人がこれらの地域をどのように席巻し、支配したのかが手にとるようにわかる。

踏査では国史学科の先生方が、そうした歴史を解説してくれる。韓国の学生たちはその話に聞き入っていた。韓国の大部分の学生たちにとって、植民地支配下での農民の苦労は、自分の家族の歴史なのである。

死ぬよりはよい

「労賃が低廉であり生活維持が難しい羅津《ラジン》ではあるが、それでも死ぬよりはよい」

これは朝鮮語新聞『東亜日報《トンアイルボ》』(一九三五年七月二三日付)に掲載された朝鮮農民たちの叫びである。朝鮮南部の農村の人びとはこのように考え、朝鮮北部の町・羅津へと旅立っていった。一九三四年から三六年にかけて朝鮮南部から北部へと本章で述べる政策によって移住した人は数千人にのぼるが、羅津は移住先の一つであった(羅津は現在、「はじめに」に登場した羅先《ラソン》特別市の一部となっている)。

羅津は、朝鮮東北部の「新興都市」であった(羅津の行政区画は、もともとは、慶興《キョンフン》郡に属している新安《シンアン》面であった。港湾都市建設が進む中で、一九三四年に羅津邑、一九三六年に羅津府へと「昇格」した)。もともとはロシア(当時はソ連)や中国との国境に近い小さな漁村であったが、一九三二年に日本の傀儡《かいらい》国家として建国された「満洲国」へと接続する港として、急速に港湾都市の「開発」が進められていたのである。朝鮮南部の農民たちは、その羅津というまだ見ぬ地が「労賃が低廉であり生活維持が難しい」場所と認識していた。しかし、そうしたことは承知の上で、「それでも死ぬよりはよい」と考えて、旅立つことを決意したというのである。それほどまでに思い詰めた決断をしなければならなかったのはなぜだろうか。

植民地期の朝鮮、とりわけ南部では、日本による収奪政策によって、自作農・自小作農の没落が進み、小作料の高率化や小作権の移動が激化した。このような状況下で、土地を失ったり、生活が窮迫したりした農民が日本、満洲へ移住した。また、小作権さえ失った農民が山林に入って火田民となったり、都市に流入して土幕民となったりする動きが進んだ(→コラム4　一三三頁)。

一九三五年に「死ぬよりはよい」として、全く見知らぬ町、はるばる直線距離で朝鮮南部農村から約八〇〇キロメートル離れている羅津へと農民たちが旅立っていったのはこうした朝鮮農村の荒廃した状況を背景としてのことである。右の新聞記事に登場する農民たちの決断を自発的なものと見るのは難しいだろう。植民地支配という苛酷な状況によってつくられた貧困の中で生きざるを得ず、そこからの脱出、いや、脱出など望むべくもない、せいぜい現状よりはましになるかもしれないという程度の可能性にかけての必死の行動である。そして、農民たちがそれほどまでに遠方の地域へと移住する背景には、朝鮮総督府の「人口政策」があったのである。それは、一九三四年から実施された「労働者移動紹介事業」(以下、「移動紹介事業」と省略することがある)と呼ばれる事業であった(1)。

「移動紹介事業」のねらいはのちに詳しく述べるが、ここで当時喧伝されていた内容を簡単に指摘しておけば、朝鮮総督府が「南鮮窮民の救済」ということを謳って、朝鮮南部の農村から北部の労働現場へと労働者を「斡旋」した事業である(「南鮮」は差別表現で、「南朝鮮」の意味。「北朝鮮」を意味する「北鮮」も同様である)。この内容だけを見ると、「失業者」に仕事を与える「職業紹介」的なものをイメージする人も多いだろう。その内実は後述するが、朝鮮総督府も「社会事業」の一環として「移動紹介事業」を位置づけていたのである。では、この事業は現在の社会福祉のようなものと考えてよいのだろうか。

なお、この「人口政策」は、単に朝鮮内部の政策ではなく、帝国日本全体に関わるものであった。朝鮮の農村の人びとの動きは、日本本国の労働問題とも直結していたのである。

「過剰人口」?

まず、「人口政策」の前提として、一九三〇年代前半当時の朝鮮の状況と朝鮮総督府の農村政策全体を見ていこう。

前述した農村の貧困化によって、朝鮮では小作争議が激化するとともに、社会主義運動の影響力が強まっていた。一九三一年六月に朝鮮総督に赴任した陸軍大将宇垣一成《うがきかずしげ》は、社会主義運動の高揚に危機感を抱き、これが朝鮮支配を揺るがしていると考えていた。宇垣は総督就任から間もない七月二日、天皇に会い、朝鮮支配において特に改変すべき点として次の二点を指摘した(2)。

其一は、内地人と朝鮮人との融合一致、所謂《いわゆる》内鮮融和に関して、更に大に歩を進むべく努力致し度考へて居ります。〔中略〕其二は、朝鮮人に適度にパンを与ふることであります。朝鮮の富は併合以来非常に増加致して居りますけれども、朝鮮の富の増加したる割合には、朝鮮人の富は増殖致して居りませぬ。今日尚生活苦に呻吟して居るものが、相当多数存在致して居りますから、之を緩和して、之を除去すべく、大に注意して進み度存じて居ります。(3)

宇垣は、前総督の海軍大将斎藤実《さいとうまこと》がジュネーブで開かれた軍縮会議に出席中に、代理総督として朝鮮の地を踏んだこともあった。その宇垣が、「朝鮮の富」は全体としては増えたものの、朝鮮人には行き渡っていないことを認めており、そうした状況では朝鮮支配が行き詰まっていくことを認識していたのである。宇垣は、同じ頃、「朝鮮二千万民衆の嚮背去就は、帝国々運の浮沈消長に至大の関係を有する」とも述べている。(4)

そして、宇垣は、朝鮮農民に「適度にパン」を与えることを朝鮮支配における重要な課題と認識し、一九三三年より「農村振興運動」を展開した。(5)これは農村経済の立て直しを図ろうとするものであったが、自力更生が強調されるなど、農村の貧困問題の本質を解決するものではなかった。

他方で、宇垣は、朝鮮支配のスローガンとして「農工併進」を掲げ、朝鮮北部を中心とした「工業化」政策を遂行していた。(6)

このような状況の中で、実行に移された「人口政策」が、一九三四年春に開始された「労働者移動紹介事業」であった。「移動紹介事業」と呼ばれているのは一九三六年までで、一九三七年以降この事業は「官斡旋」という名称で展開されることになる。そして、これは戦時労働動員としての性格を強めていく。ただし、後述するように、朝鮮総督府は一九三四年からの「移動紹介事業」と一九三七年以降の動員を、連続したものとして把握していたようである。本章では、主としてあまり知られていない一九三四〜一九三六年の動向に光をあてる。そのうえで、戦時労働動員の問題をどのように考えたらよいのかについても見通しを述べることにする。

一九三五年に朝鮮総督府内務局より発行された『調査月報』が「移動紹介事業」をどのように説明しているのかを見てみよう。『調査月報』によれば、「最近西北鮮〔朝鮮西部・北部〕に於ては鉄道・港湾・水電等大規模諸工事勃興し、労働者の需要頓《とみ》に増加しつゝある」にもかかわらず、「同地方は人口稀薄にして甚だしく労力の不足を訴ふる状況」にあったという。他方、「南鮮地方は由来人口稠密《ちゅうみつ》にして耕地狭小なるのみならず、連年に亙る旱水害等の為、生活窮乏の域を脱し得ざる者少からず」と説明している(7)。そのような状況を踏まえた上で、南部の農民を「西北鮮方面の諸工事に振り向くる」必要があるとの結論が出され、「移動紹介事業」が実施に移されたと『調査月報』はしているのである(8)。

また、朝鮮総督府学務局社会課は、「南鮮過剰人口の北移」との論考の中で、「南鮮地方に溢るゝ人口を移して此の地方〔北部〕に定住せしむるならば、克《よ》く天与の宝庫開発を促進し得らるゝと同時に、人口分布の緩和調節となり、延《ひい》ては内地〔日本本国〕渡航者数の減少ともなり、啻《ただ》に朝鮮自体の為のみでなく又以て内地の失業問題の解決に資する」としていた(9)。「内地渡航者」や「内地の失業問題」に関しては、後述する。また、朝鮮総督府学務局社会課は、「移動紹介事業」の目的の一つとして、貧困問題が深刻化する「南鮮窮民の救済」を謳っていた(10)。

宇垣は一九三四年九月の全国中学校長会〔開催地はソウル〕における講演の中で、次のように述べていた。

農村振興問題の根本解決を期する為には、小規模の未墾地を開いたり、集約営農に依って収量を殖したり、多角形農法に依って自足自給を策したり、副業によって収入の増加を図ったり、工業の発達を図って職を与えたりする位の事では、大局的に見れば尚十分でない。〔中略〕究極の所は狭隘なる地域に蝟集《いしゅう》し居る人口を減少して、相当広い地積上に悠々として働き得る余裕を与へる事が極めて緊要である。換言すれば移民政策の遂行に依って人口問題を始末するに非ざれば、農村問題の根本的解決は出来ぬ。[11]

宇垣はこうした理由をあげて「南鮮地方の人口を稀薄なる北鮮地方に移住」させることにしたのだと説明している。[12] 宇垣は「自給自足を策」すなどの「農村振興運動」で実践された事柄のみでは、「農村振興問題の根本解決」を図ることはできないと考えており、それを補完する役割を期待されたのが、朝鮮北部への移民だったのである。

ここまでに引用した朝鮮総督府側の認識には、「過剰人口」という用語が見える。経済学でも使われる用語だろうが、朝鮮南部の状況に対して朝鮮総督府がこの用語を使うことには問題がある。そもそも、農村の経済を破壊したのは、日本の植民地支配であった。そして、朝鮮人の貧困層の存在が日本の支配にとってマイナス要素となると判断されるや、朝鮮総督府はそれを「過剰」と呼び、排除することを目指したのである。

朝鮮総督府当局が表明している「移動紹介事業」の目的は、以下の三点にまとめることができる。第一に、朝鮮南部農村の「過剰人口」の「解消」とそれに伴う植民地支配の「安定」、第二に日本本国への朝鮮人の渡航の阻止、第三に朝鮮北部における「工業化」政策を実施する上で労働力を確保することである。いずれも日本側の利害に沿って立案された政策であるということが明確であるし、なにより第一、第二で朝鮮人を「邪魔者」扱いしていることに注意を払う必要がある。そして、第三点に関しても、実際に労働力需要がどの程度生み出されていたのかについては、慎重に検討すべきであり、この点についてはあとで述べたい。

「移動紹介事業」は、日本政府の方針にも反映された。朝鮮総督府は一九三四年の春から「移動紹介事業」を開始するが、それに続けて日本政府（岡田《おかだ》啓介《けいすけ》内閣）は、一九三四年一〇月二六日に「朝鮮人移住対策の件[13]」を閣議決定している。この文書は次のように述べている。

朝鮮南部地方は人口稠密にして生活窮迫せる者多数存し、之が為南鮮地方民の内地に渡航する者最近極めて多数に上り、啻《ただに》さへ甚しき内地人（日本人）の失業及就職難を一層深刻ならしむるのみならず、従来より内地に在住せる朝鮮人の失業をも益々甚しからしめつつあり。又之に伴ひ朝鮮人関係の各種犯罪、借家紛議其の他各般の問題を惹起し、内鮮人（内地人と朝鮮人）間に事端を繁がらしめ、内鮮融和を阻害するのみならず、治安上にも憂慮すべき事態を生じつつあり。

すなわち、朝鮮南部から日本本国への朝鮮人の渡航が、日本人とすでに日本本国に在住している朝鮮人の雇用を奪う状況が問題であるとし、また「治安上」も「憂慮」せざるをえない状況があるとして、

「対策」を立てたのである。具体的な「対策」としては以下の四点である。

①「農村振興及自力更生」の趣旨の徹底や、春窮期への対策などを通して朝鮮内に「朝鮮人を安住せしむる」こと。②「朝鮮人を満洲及北鮮に移住せしむる措置を講ずること」。これについては、「満洲殊に其の東部地方及北鮮に於ける各種土木事業に従事する労働者に付ては、能ふ限り南鮮に於ける農民中より之を供給すること。之が為労働者を移動する場合には朝鮮総督府に於て、之が統制及助成に付適当なる方途を講ずること」とされた。また、③「朝鮮人の内地渡航を一層減少すること」、④「内地に於ける朝鮮人の指導向上及其の内地融和を図ること」である[14]。

②から明らかなように、すでに一九三四年春から朝鮮総督府が独自に実施していた労働者斡旋政策が、閣議決定により政府の方針となったのである。宇垣が述べていたように、①だけでは農村の「安定」を図ることができず、②のように農民を北部に移動させることが必要とされたのであろう[15]。

貧困に直面した朝鮮農民を「労働者」として北部に移住させ、仕事を「与える」。これだけを聞くと、日本側は朝鮮農民の貧困問題を解消するための事業を実施していたかのように思える。だが、その内実は、日本の支配にとって厄介な貧困層を北部に追い出そうというものであった。しかも、北部に行ったからといって、安定した生活ができるわけではなく、このあと述べるように農民たちは悲惨な体験をすることになったのである。

斡旋数と斡旋先

これまで「移動紹介事業」のねらいを見てきたが、ここからは事業の実態を検討する。

表1　労働者斡旋数(1934～45年度，道外)　　　(単位：人)

年度	土建	鉱業	交通	軍要員	工業	合計
1934	3,330	1,088	—	—	—	4,418
1935	1,151	—	—	—	—	1,151
1936	2,714	96	—	—	—	2,810
1937	11,965	—	—	—	—	11,965
1938	19,441	41	34	—	—	19,516
1939	41,907	2,735	647	—	—	45,289
1940	57,912	2,714	901	—	—	61,527
1941	43,662	1,494	646	1,085	—	46,887
1942	42,086	4,943	287	1,723	—	49,030
1943	40,150	11,944	186	1,328	5,316	58,924
1944	54,394	14,989	—	4,020	3,214	76,617
1945	37,628	2,071	252	4,312	—	44,263
合計	356,340	42,115	2,944	12,468	8,530	422,397

出典：大蔵省管理局『日本人の海外活動に関する歴史的調査』朝鮮編第九分冊，1950年，71頁

備考：一部計算が合わない箇所があるが，元表ママとした．「国民徴用」によるもの並びに道内動員数は含んでいない．元表では1934～36年度も「官斡旋」として把握している

表1は一九三四～一九四五年度の斡旋数をまとめたものである。まず、斡旋数は一九三四年度は四四一八人であったが、一九三五年度一一五一人、一九三六年度二八一〇人と、いったん減少している。しかし、日中戦争が全面化した一九三七年度は一万人台となり、その後は数万人台の斡旋となっている。一九三七年度以降は事業の質・量ともに変わっていることが見てとれる。以下、一九三四～一九三六年度の「移動紹介事業」を中心に検討する。

表2は、一九三四～一九三六年度の斡旋数を斡旋先ごとにまとめたものである。一九三五年の労働者斡旋数が表1とは食い違っているものの、他の部分は一致している。斡旋が開始された一九三四年度においては、労働者四四一八人中、「羅津満鉄工事」(満鉄は、南満洲鉄道株式会社のこと。以下、満鉄

表 2　労働者斡旋先別一覧表　（単位：人）

斡旋先	1934 年度			1935 年度			1936 年度		
	労働者	家族	計	労働者	家族	計	労働者	家族	計
長津江水力発電所工事	341	47	388	—	—	—	—	—	—
羅津満鉄工事	1,317	241	1,558	76	—	76	—	25	25
羅津都市計画工事	—	—	—	644	346	990	713	837	1,550
満浦線鉄道工事	1,253	73	1,326	257	1	258	144	—	144
会寧飛行場工事	—	—	—	—	—	—	591	126	717
炭鉱	1,088	1,298	2,386	—	—	—	96	125	221
古茂山セメント工場工事	—	—	—	99	256	355	—	—	—
東海北部線鉄道工事	—	—	—	—	—	—	242	—	242
北鮮製紙工場工事	—	—	—	—	—	—	83	—	83
朝鮮セメント海州工場工事	—	—	—	—	—	—	901	78	979
雄基国際運輸	19	20	39	—	—	—	—	—	—
広梁湾塩田工事	81	9	90	—	—	—	—	—	—
図寧線鉄道工事	194	14	208	—	—	—	—	—	—
渤海農場	—	—	—	—	45	45	—	—	—
平元西部線鉄道工事	125	7	132	—	—	—	—	—	—
恵山線鉄道工事	—	—	—	—	—	—	40	3	43
合計	4,418	1,709	6,127	1,076	648	1,724	2,810	1,194	4,004

出典：「職業紹介事業成績(昭和 12 年中)」内務局『調査月報』10–1，1939 年 1 月より作成
備考：複数の炭鉱を，「炭鉱」として一つにまとめた

とする）に一三一七人、「満浦《マンポ》線鉄道工事」[16]に一二五三人が斡旋され、この二つだけで全体の六割近くを占めている。このほかに各炭鉱の総計が一〇八八人、「長津江《チャンジンガン》水力発電所工事」に三四一人が斡旋されている。次に一九三五年度であるが、前年度に比べて斡旋先は大幅に減少して四カ所となっている。一〇七六人中、「羅津満鉄工事」に七六人、「羅津都市計画工事」に六四四人が斡旋され、羅津のみで六七％を占めている。また、「満浦線鉄道工事」は二五七人で二四％を占め、「古茂山《コムサン》セメント工場工事」（小野田セメント）が九九人で九％を占めている。最後に一九三六年であるが、斡旋先は前年

度よりも増加している。二八一〇人中、「朝鮮セメント海州《ヘジュ》工場工事」九〇一人（三二%）が最大であるが、「羅津都市計画工事」七一三人（二五%）、「会寧《フェリョン》飛行場工事」[17]五九一人（二一%）の占める割合も大きい。以上から明らかなように、一貫して斡旋先となっているのは羅津（港湾・都市計画の両者）のみであり、他の斡旋先は散発的に労働者が送られたと考えられる。

注目すべきは家族同伴での移動が、広範に見られたことである。家族で移住する際には、移住先に定着することを前提に移住を決断することになると考えられるが、実際には労働者とその家族の定着を実現し得たのであろうか[18]。以下では、その点についても検討していきたい。

「移動紹介事業」の準備過程

「移動紹介事業」の実施にあたって中心的な役割を果たしたのは、朝鮮総督府学務局社会課であった。一九三四年時点での学務局長は渡邊豊日子《わたなべとよひこ》、社会課長は厳昌燮《オムチャンソプ》である[19]。

朝鮮総督府が「移動紹介事業」を実施することにした背景の一つには、前述のとおり朝鮮北部における「開発」政策があった。日本語新聞『京城日報』によれば、朝鮮総督府学務局社会課は「開拓されゆく北鮮地方は鉄道、港湾等の発達を予期して諸種の事業が台頭し」「（昭和）八年度（九年度の誤りか？）の労働消化力は一日四万三千人、延人員にして千三百万人に達し、このうち延四百万人の不足を見ることになる」との結論を見込み調査から得ており、北部への「労働者の大量輸送」をすることにした[20]。朝鮮北部の開発による労働力需要の創出への期待こそが、「移動紹介事業」を実行する原動力となった。朝鮮北部における労働者の「払底」、南部における労働者の「氾濫」といった状況が新聞で伝えられており、北部において労働者不足が生じていたことは事実といえよう。(21) ただし、朝鮮南部からの労働力の大量の斡旋を可能とするほどに需要が創出されていたのかについては、検討の余地がある。

一九三四年二月二二日、朝鮮総督府学務・警務両局関係者が協議し、朝鮮南部から朝鮮北部への「大移民」を三月中に実施することが決定された。移住先は「羅津満鉄工事」「長津江水力発電所工事」「朝鮮窒素工事」などの十数カ所とされた。「第一期の移民人数は〔中略〕少くも三千人と予定され、その家族を合すれば七千人以上となる、予算は今のところ捻出したものが五千円足らずであるから、移民輸送に学務局は頭痛鉢巻であるが、労働者の旅費は雇主に支出させ、家族の分は五割引にして本府〔朝鮮総督府〕から更に補助することになるらしい」とされた。限られた予算を以て、この事業を遂行しようとしていたのである。なお、労働者の移送にあたっては、二〇人程度を一団として移動させるとの案が出されていた。集団で移動させることで、「風俗習慣が同一でもあり、団結力が強くもなって、永住性がある」とされた。(22)

学務局社会課嘱託竹内清一は、労働者受入側との交渉のため二月二三日にソウルを発ち、咸鏡北道羅津へと向かった。竹内は羅津において二月二七日から三月五日まで連日にわたり、港湾建設を担当していた満鉄当局および同地の土木建築協会首脳部、各組の責任者と、朝鮮人の北部への移住について協議した。(23) 羅津では「目下結氷期にあるので羅津の労働者は約千五百名内外の活動余力しかなく、約二千五百名内外の余剰労働者があるが、愈々《いよいよ》解氷期になると一日約一万人以上の大量需要を見るべく、差当り今月末から来月初めまで取敢ず《とりあえ》五百名の供給を約束すること、なった」。また、竹内は最低賃金や現地での宿舎の確保の問題、さらに旅費について交渉した。旅費については、朝鮮総督府が鉄道運賃を割引するとともに、使用者側で負担するなどとした。さらに羅津以外に、長津江の水力発電所の工事についても交渉し、労働者を供給する見込みがつけられた(24)。

以上の協議を受け、朝鮮総督府は朝鮮南部の慶尚《キョンサン》南北両道・全羅《チョルラ》南北両道知事宛で、労働者の募集・人選を依頼した(25)。慶尚北道では、羅津の満鉄工事に人夫一五〇人を募集するために、嘱託竹内が来道し慶尚北道地方課・社会課との打ち合わせをしたが、道社会課は「喜んで引き受けた」という。このときに竹内から提示された条件は、「応募者の家族は悉《ことごと》く同伴せしめ、これ等に対する羅津までの旅費は全額を支給し、勤務地では宿舎も与え、賃金は一日八十銭平均、将来永く働く方法も講ずる」といったものだった(26)。労働者は三月中に取りまとめ、遅くとも四月上旬までには羅津に出発させるとされていた(27)。

羅津や長津江については、朝鮮総督府から斡旋を中し出たようであるが、その一方で、現地からの要請もあった。一九三四年五月、「労働者旱魃《かんばつ》」の状態にあった平安南道《ピョンアンナムド》の広梁《クァンリャン》湾塩田工事、平元《ピョンウォン》線、満浦線、炭鉱へと労働者を斡旋するように申込みがあり、朝鮮総督府社会課の竹内は五月一〇日に平安南道知事、内務部長と協議した(28)。これらの労働現場に実際に労働者が斡旋されたのは、表2に示されたとおりである。

以上の経緯から明らかなように、朝鮮総督府は朝鮮北部における労働力需要の急速な拡大に期待して「移動紹介事業」を実施することにした。

斡旋先の状況

ここでは主たる斡旋先であった羅津の状況について述べておこう（羅津の詳細は第五章で検討するが、本章では労働者の問題を中心に触れる）。満鉄による羅津の港湾建設工事は、満鉄の請負業者が担当していたが[29]、現場はどのような状況だったのであろうか。

当時、多くの人びとが仕事を求めて羅津に殺到していた。しかし、羅津では十分な労働者の受け入れ体制がつくられていなかった。「移動紹介事業」が開始される前年である一九三三年の羅津の状況を見ていこう。羅津近郊の厚昌洞《フチャン》には羅津港建設工事のための採石場が設けられ、多数の労働者が働いていたが、厚昌洞採石場には飯場《はんば》が設置されていた。これは、工事を担当している長門組が設置した建物を、業者に無料で貸して、営業させているもの（六、七カ所）、組とは関係ない私設の飯場の二つの形態に分けられる。しかし、これらの飯場をもってしても、工事に従事する五〇〇〜六〇〇人の労働者全員を収容することはできなかった[30]。また、西松組は飯場を設置しておらず、業者が設置した私設のものしかなかったが、これは大部分が草葺《くさぶき》、天幕などでつくられた貧弱なものであった[31]。このような不十分な住宅状況を踏まえれば、労働者を斡旋する際に、住宅を確保するなど労働者の待遇を改善する措置をとる必要があることは明らかである。すでに見たように、竹内は宿舎確保の問題について満鉄や土木建築協会と交渉していた。しかし、以下で論じるように、住宅確保のための政策は実行に移されなかったか、移されたとしても十分な効果をあげることができなかった。

一九三四年の斡旋

『東亜日報』一九三四年三月二〇日付によれば、同年の労働者斡旋は、第一回〜第三回に分けておこなわれる予定であった。第一回目は三月末から四月初旬にかけて八八〇人及びその家族一六〇人、第二回目は四月中旬から下旬にかけて約一〇〇〇人、第三回目は五月上旬頃に一〇〇〇人ないし一五〇〇人を輸送する予定であった。ただし、以下で論じるように、第二回以降は実施が容易ではない状況となっていく。

まず、第一回目について見ていこう。『東亜日報』三月三〇日付は、①すでに三月二四日に慶尚北道から二一〇人が輸送されたこと、②三一日には二六〇人の全羅南道労働者、四月二日には全羅北道の一〇〇人の労働者、四月六日には全羅南道の二五〇人などを輸送する予定であることを指摘している。三月一日から四月三日までに羅津へ連絡船で上陸した人が五八〇〇人あまりであり、しかも、そのうち一八〇〇人あまりは四月一日から三日までの三日間に上陸したとの報道があるが、この三日間の急激な上陸数の増加は、第一回の斡旋によるものと見てよいだろう(32)。労働者の募集時には、募集数をはるかに上回る数が応募してくる事態が生じた(33)。人びとの同事業に対する「期待」は大きかったのである。その背景には、農村の貧困状態があった。全羅南道長城《チャンソン》郡の人びとの生活状況は、「実に残酷で見ることのできない状況で、草根木皮を食べて延命」しているような状況であった。そこに羅津港での労働者を募集するとの話が広まり、面事務所の紹介を受けて北部へと向かう人が一四〇〇人ほど出たという(34)。

労働者斡旋の方法

ここでは労働者がどのように斡旋されたのかを検討する。すでに指摘したように、朝鮮総督府学務局社会課が中心となって斡旋の計画を立て、斡旋先の土木建築業協会（羅津の場合は満鉄も）や道との交渉をおこなった。そして、現地業者または行政機関との話し合いを踏まえて、斡旋元の道知事に労働者の斡旋を依頼した。なお、道において募集事務を社会事業協会が担当した場合もあった(35)。

以下では、労働者がどのように募集・移送されたのかについて、いくつかの事例から検討したい。まず、慶尚南道宜寧《ウィリョン》郡について報じた『東亜日報』の記事である（一九三四年四月二四日付）。

慶南の宜寧郡で朝鮮総督府の指示下に、同郡各面で生活が極めて惨憺《さんたん》で最も身体が健康な者を募集し、宣寧から貨物自動車二台に分乗させ、郡職員と面職員一人ずつが帯同し、郡北《グンブク》駅で下車した。当駅では総督府社会課田中新平氏に引率され、北へ北へなじみ深い故郷を振り返りながら、羅津へと出発していったが、一行は三六名であったという。

この記事から以下の三点を読み取ることができる。①生活が厳しく、また身体が健康な者を募集したこと。②郡および面職員が労働者の募集に関与したこと。これに関連して、前述の長城郡の事例でも、面事務所が労働者の募集に関与していたことが示されていた。③羅津までは田中新平という人物が引率したこと。田中は新聞記事では「総督府社会課」とされているが、『朝鮮総督府及所属官署職員録』一九三五年度版によれば、慶尚南道内務部地方課地方書記である。これに関連して、一九三五年の事例であるが、慶尚北道安東《アンドン》郡から羅津へと道内務部地方課嘱託の姜奎元《カンギュウォン》が引率したとの記事がある(36)。また同じく一九三五年の事例であるが、全羅南道咸平《ハムピョン》郡から朝鮮総督府学務局社会課嘱託の林炳疇《イムビョンジュ》が満浦線工事現場へと二九人を引率したという記事がある(37)。以上の事例から現地までの引率は、道内務部地方課地方書記あるいは嘱託、朝鮮総督府学務局社会課嘱託が担当していたことが明らかである。

次に、慶尚北道安東郡の事例に関する『東亜日報』記事を見てみよう(一九三四年三月二七日付)。

咸北羅津の築港工事に使用するため、今回慶北地方の労働者を多数輸送するに伴って、安東郡内の労働者二一〇名も去る二二日午前八時発車で、京城から来た大倉株式会社員の引率下に一斉に出発することとなり〔後略〕。

ここでは、「労働者二一〇名」がどのように集められたのかについては記述がない。おそらく慶尚南道宜寧郡と同様に面や郡の職員が募集したと思われるが、引率に朝鮮総督府や道の職員ではなく、羅津での工事を担当していた大倉株式会社員が来ていることがわかる。

次に全羅北道群山府の事例を見るが、朝鮮語新聞『朝鮮中央日報《チョソンチュンアンイルボ》』は「群山府庁では去る四月初旬に当地開福《ケボク》洞の車周相《チャジュサン》」に労働者募集をおこなわせたと報じている。車は募集にあたって、身分調査と身体検査を実施したという(一九三四年六月二〇日付)。この記事に登場する車は、一九二〇年代において「群山労働連盟」や「労農総同盟」で活動していた人物であるが(38)、一九三〇年代には群山精米組合副組合長となり、一九三三年に同組合の資金を横領したとの疑いで裁判にかけられている(39)。裁判の結果は不明である。労働運動や精米組合といった労働者との接点の多かった人物が、府の政策の下で労働者募集や身分調査を直接に担当していたのである。

最後に、全羅南道羅州《ナジュ》郡から羅津へと斡旋された事例についてである。『東亜日報』記事によれば、「〔羅津の〕西松組工事場の班長・朴《バク》某の話によれば、自身が全南羅州から引率して来た労働者だけでも、当初四〇名いた」という（一九三四年五月三〇日付）。「班長」とはなにかが問題である。少しあとの時期になるものの羅津の状況を示す一九四〇年の史料には、「各府の斡旋に依り地方より募集したる人夫に対しては、素人人夫多きに付、之を一団とし、且《かつ》出身地域に依り班を組成」していたとの記述がある[40]。人夫の組織は図2のとおりであった。

「什夫長」（什長）を頂点として、その下に班が組織されていたことがわかる。什長について、斡旋が開始される前年のものではあるが、次のような史料がある。

　朝鮮人の日傭労働者の中には内地に於ける親方、満洲の所謂苦力《クーリー》頭に相当する「什長」と云ふものがある〔中略〕。

　この什長対労働者の関係は、苦力頭対苦力の如く密接な関係に於て結合されて居ない、勿論《もちろん》中には同郷関係等で相当固い結合をしてゐる者もあるが、多くは其の仕事をするに当り偶然一団となった者の中から有力者を推すとか、傭主の命により指図通りの労働者を募集して来たものが什長となるとか云ふのが多く、其の場限りの長たるに過ぎない[41]。

斡旋が実施される以前の史料であるものの、「労働者を募集して来たものが什長となる」場合が多いという記述からすると、「班長」である「朴某」が労働者の募集を担い、そのまま現場で「班長」となったのではないかと考えられる。その点、群山の事例でと

各什夫長┬作業班長（一班―二班）―人夫
　　　　└庶務部長―――――――――雑役

図2

りあげた車周相は、自ら現場に行って「什長」や「班長」になったかどうかまでは不明であるものの、募集の段階においては「朴某」と似たような役割を果たしたのではないかと思われる。労働者を募集してきた人物が「什長」となり、現場を仕切るというあり方は一九三四年以前から存在したのであるが、それが朝鮮総督府による斡旋政策の下へと組み込まれていったのであろう。

以上を踏まえれば、労働者の募集には、主として以下の二つの方式があったといえるだろう。第一に、郡や面の職員が直接に関与するケースである。第二に、群山府の事例から明らかなように、行政庁の指示の下で朝鮮人に募集させるものである。また、現地までの「引率」については、道内務部地方課の職員または朝鮮総督府学務局社会課嘱託が担当する場合、土木会社の社員が引率する場合もあった。現場で班長となる労働者が引率することもあった。

どの事例を見ても、非常に短期間で斡旋されている。特に農村出身の労働者が土木建築現場などにおいて労働するためには訓練が必要であるが、実施する時間はなかったと考えられる。

なお、労働者の旅費については、竹内が使用者側と交渉したように、朝鮮総督府が三等汽車船賃を五割引した上で雇傭主に負担させ、また、同伴の家族の旅費は朝鮮総督府が全額負担したようである。(42)

労働者の収容難と賃金の低下

労働者斡旋が進められる中で、労働者の収容難、賃金の低下という問題が生じていた。ここではそれらの問題が顕著にあらわれ、また主要な斡旋先であった羅津を中心に見ていこう。

まず、労働者の収容難についてであるが、『東亜日報』(一九三四年四月八日付)によれば、「最近南朝鮮各地から羅津に押しよせてきた労働者が数千を数え」ているにもかかわらず、「労働者を収容する大規模の宿舎が未整備」であるため、泊まるところもなく外を彷徨《ほうこう》する人もいるといった状況であった。すでに指摘したように、前年の一九三三年の段階においても、厚昌洞採石場で飯場が不足する状況があったが、一九三四年の労働者斡旋の際にも「宿舎」の不足が生じていたのである。

また、これは四月中旬の第二回の労働者斡旋のときであると思われるが、慶尚南道社会事業協会は、羅津行きの六〇〇人の労働者を集めたにもかかわらず、羅津側で労働者に仕事場を提供する準備が整わず、労働者の移送が実施できない状況となっていた(43)。

次に、賃金低下についてであるが、募集の段階では、最低九〇銭から一円五〇銭までということであったにもかかわらず、現場に到着すると四五銭ないし六〇銭に過ぎないという問題が発生した。「その日その日の食費くらいにしかならない」という不満が出されていた(44)。労働者の不満を解消するために、最低五〇銭だった賃金を七〇銭に引き上げるなどの措置も一部ではとられたようであるが(45)、根本的な解決にはならなかった。慶尚北道では、最初に送られた労働者たちの日給が八〇銭の契約であったはずなのに、六〇銭しか支払われなかったことが道当局で問題となり、後続の労働者斡旋が延期される事態が生じた(46)。

また、群山府では、「羅津行労働者を募集しはじめたが、誰彼なしに申請者が超満員となったので、その内二〇〇名だけをまず第一次で送り、残りは成り行きを見て第二次で送る予定であった」。しかし、「最近羅津工事場において賃金問題の他さまざまなかんばしくない事実が現在〔羅津に〕行っている労働者に莫大な打撃をあたえている状況」を聞き、群山府当局はすべて請負業者のせいであるとして、朝鮮総督府に交渉をした。「群山から送る労働者には請負業者の干渉がないようにすると同時に、満鉄会社が直営する工事現場で仕事をできるようにしてほしい」との「公文」を発送した。そして、「この条件が解決するまでは当分出発を停止する」とした(47)。この群山府の措置は、すでに羅津行きが決定し、家産を整理してしまった人にとっては大きな打撃となった。羅津行きが決定していた労働者の一人は、新聞のインタビューにこたえて、「まず、行くといって準備した労働者の生計をどうやって維持していくかが問題である。府で解決してくれないなら、道まで行って徹底した陳情をするつもりだ」と述べている(48)。

また、慶尚南道河東《ハドン》の労働者三〇人は、四月頃に羅津に出発する予定になっていたが、羅津において労働力が過剰になっていたため、行くことができなくなった。結局、道の斡旋で中国・間島《カンド》の鉄道工事へと送られることになり、七月四日に出発した(49)。さらに、朝鮮総督府社会課は、八月頃にも新たな斡旋先の調査をしていた。労働者の斡旋先が不足する中で、斡旋先の確保を図ろうとしたものと思われる(50)。

他方、羅津へと斡旋された労働者たちは、すでに五月に朴熙東《バクヒドン》を会長として南朝鮮労働者相助会を創立していた(51)。具体的な活動は明らかでないが、低賃金などの問題に対処するためと見てよいだろう。

以上のように、収容難と賃金低下という二つの問題が発生しており、このことは斡旋された人びとや斡旋される予定の人びとの不満を高めていた。かれらは、自らの生活の安定を求めて斡旋に応じたにもかかわらず、それはかなえられることがなく、むしろ困難な状況に追い込まれたため、朝鮮総督府の政策に対して批判の声をあげていたのである。

そもそも、竹内清一が朝鮮北部を訪問し、協議をしたにもかかわらず、このような事態が発生したのはなぜか。理由として考えられるのは、竹内が羅津を訪問してから実際に労働者が斡旋されるまでに約一カ月の期間が空いているという点である。三月から四月にかけては、結氷期が終わり本格的に工事が開始される時期であり、大量の人びとが自ら移動してくる時期でもあった。労働力が斡旋されるまでの一カ月の間に、多数の労働者が集まり、朝鮮総督府斡旋による労働者が到着した頃には、労働力過剰となっていたのではないだろうか。

長津江水力発電所の事例を示すと、ここでは「募集の条件として羅津同様最低賃金八十銭を支給することになって居たが、低賃金の自由労働者が俄《にわか》に殺到せる関係上、請負者側は自由労働者を歓迎し、条件の最低八十銭を無視し、五十五銭又は六十銭に引下げ作業せしめんとする態度に出でた」という(52)。羅津でも同様の現象が起こっていたと推察される。

翌一九三五年夏の朝鮮語新聞『朝鮮日報《チョソンイルボ》』の記事は、前年の労働者斡旋について「失敗」であったとし、その反省点をいかし同年の斡旋にあたっては一度に大量の労働者を送るのではなく、徐々に労働者を移送する方式をとるのだと報道している(53)。この記事では、一九三四年の斡旋が一度に大量の労働者を送ったために「失敗」したことが示されているのである。

収容難が起こり、また賃金も低下する状況であったため、労働者斡旋によって羅津へとやってきた労働者の中からは、朝鮮南部への帰還者が続出する。一九三四年五月には「最近は〔羅津に〕来る人はおらず、〔自らの出身〕道に帰還する人が多いという(54)」と報じられていた。

さらに羅津では、一九三四年一一月末にいたると、大量の失業者があふれることとなった。土木協会の調査によれば、失業者数は二七六二人にものぼったという。結氷期を迎え、工事が一部中断したためであろう(55)。

労働者に対する使用者側の不満

『東亜日報』(一九三四年五月一〇日付)は、羅津に斡旋された労働者のなかに「病者」や「虚弱な人」が多数含まれていたとし、使用者側が不満を抱いていたことを報じている。斡旋にあたっては身体検査も実施されなかったとされ、元の居住地に送り返すことになったものの旅費が問題となっていたという。すでに紹介した事例の中で身体検査を実施しているという話もあったが、この記事のケースでは統制がとれていなかったのである。頭数を合わせるために、無理矢理人を集めた可能性もあるだろう。

一方、群山府が斡旋しようとした労働者については、朝鮮総督府が「都会地労働者」は従来の例から見て「不良」であるとして斡旋しないとの方針を示している[56]。前述のように群山府では、当初府側が朝鮮総督府に対して労働者の待遇を改善するように求めていたわけであるが、最終的には労働者の斡旋を拒否されることになったのである。使用者側から不満が出されたことによる措置と思われる。

当時、羅津では斡旋された労働者を含む形で、待遇改善を求めるストライキがおこされていた[57]。また、「羅津港建設、長津水力電気開発、平元線と満浦線の鉄道工事などに総督府で多数の労働者を斡旋し送っているが、さまざまな悶着《もんちゃく》が引き起こされている」との報道があった[58]。前述の労働者の成績の「不良」が意味するところは、このようなストライキや「悶着」をも含んでいるとも考えられるが、詳細は不明である。

一九三五～三六年の斡旋

次に一九三五年春の斡旋を検討したい。このときには、労働者を斡旋しても使用者側は「逃亡」に悩まされることとなった。「羅津志岐組請負の都計〔都市計画〕埋立工事場には最近人夫逃亡者が続出し」、工事着手の当初の約半分まで減少し、工事進行に多くの支障が生じていたという(59)。そのため、工事は期限までに完了させるのが困難になっていた(60)。「逃亡」の原因については、労賃が低廉であることがあげられているが、それは満鉄が実施する請負業者の競争入札制度によって単価が引き下げられ、労働者の賃金にしわ寄せがいっているためであったという(61)。また「総督府が労働者を募集するに当り北鮮景気を吹込んだ」ためではないかとの分析もあった(62)。

「逃亡」が相次ぐ中で、「請負者側では総督府側の斡旋労働者もまるっきり信じることができ」なかった(63)。請負業者は「不良労働者の斡旋は寧《むし》ろ有難迷惑《ありがためいわく》」と考え、「満人苦力」の労働者の導入の必要性を訴えた(64)。当時は、朝鮮北部においても、賃金の安い中国人労働者が朝鮮人労働者を「圧倒」するといった状況があった(65)。こうした状況の中で、請負業者は斡旋された朝鮮人労働者よりも中国人労働者を積極的に雇用したいと考えたのであろう。また、満鉄は、中国人労働者を独自に羅津港の荷役労働に導入していた。満鉄は「満人苦力」と比して、朝鮮人の作業能力が劣っており、「逃亡」も多いとし、さらなる中国人労働者の導入を求めていた(66)。

羅津府会（→コラム3　九三頁）ではこうした業者の意向などを背景に、中国人労働者の使用制限をする朝鮮総督府に対して、「満洲国」から中国人労働者を導入することを建議した。朝鮮人労働者は農村から斡旋されたため荷役などの労働の経験がなく、訓練を受ける機会がなかったので、十分に能力を発揮できないことはやむをえないことである。しかし、その点を考慮することなく、羅津では低賃金の中国人労働者の導入が進められ、朝鮮人労働者を雇用しようとしない動きがあったのである。[67]

また、羅津における重い税負担もまた労働者の生活を圧迫していた。羅津では「開発」の実施のために地方財政が急速に拡大しており、戸別税が引き上げられていた。「朝鮮総督府が派遣した朝鮮人々夫に対し、羅津邑が戸別税並に附加税として一円六十銭乃至九円を賦課したが、羅津土建協会では一日の労銀八十銭内外で、而《しか》も結氷三ヶ月間は就業出来ない実情にある労働者への担税能力を無視して、苛酷な公課であるのみならず、社会政策上斡旋した本府の意図を蹂躙するものであるとなし、寧ろ免税が至当だ」として当局と交渉しようとしていたという。[68] 労働者を使用する側である土建協会がこのような交渉を検討したことから見ても、労働者の負担はかなり大きいものだったと思われる。

一九三五年夏には「罹災民対策」として、労働者が斡旋されるようになる。水害や旱害などで生活が破壊された農民を北部に送り込むことで「解決」を図ろうとしたのである。なお、自然災害とはいっても、前提として植民地支配政策によって農村が疲弊させられていたことは看過できない。農民の生活状態が悪くなければ、自然災害が発生したからといって、必ずしも現住地での生活の途が閉ざされるわけではなかっただろう。自然災害はあくまでも一つのきっかけであり、根本的な矛盾として植民地収奪があったのである。

本章の冒頭で紹介したように、「労賃が低廉であり生活維持が難しい羅津ではあるが、それでも死ぬよりはよいとして慶南〔慶尚南道〕・全南〔全羅南道〕などの地の貧民たち」は、一九三五年七月七日一〇〇人が羅津へ出発した。[69] さらに七月二四日に五〇人、二五日に一〇〇人が出発した。かれらは水害に遭い、生きる術がないために、斡旋に応じ羅津へと向かっていったのである。[70] さらに、全羅南道では大干魃で至急救助を要する罹災民が十余万戸といわれたが、九月には罹災民一〇〇〇戸、約五〇〇〇人を羅津に移民させた(71)。

一九三五年の夏に、朝鮮総督府社会課によって、羅津に斡旋された罹災民労働者は、十余次の斡旋を通して、大倉組に四百余人、志岐組に六百余人のあわせて千余人といわれた(72)。しかし、一九三五年一二月現在、大倉組と志岐組に斡旋された約一〇〇〇人の罹災民労働者のうち、残っていたのは大倉組柳震《ユジン》杰《ゴル》什長の下に約一〇〇人、志岐組朴小出《パクソチュル》什長の下に約八〇人の約一八〇人だけになった(73)。

罹災民たちの移住後の生活は不安定なもので、移住先に定着することは難しかったのである。『東亜日報』(一九三六年三月四日付)によれば、「故郷で思いがけず天災に遭い、昨年(一九三五年)夏に総督府社会課の紹介を受け、羅津へ移住した南鮮労働者たちはいくらかの賃金を受け、その日その日延命してきた。去る冬の厳しい寒気によってすべての工事が中止されたことにより、大部分は(咸鏡北道の国境地帯にある)阿吾地《アオジ》炭鉱をはじめとして他の工事場に移動し、残りの家族を連れた人たちは仕方なくこの家あの家へとまわりながら物乞い」をするなど悲惨な状況にあった。

労働者の待遇を示す一つの事例として、ある青年をとりあげておこう。一九三六年の四月二九日に全羅南道の霊岩《ヨンアム》郡新北《シンブク》面明洞《ミョンドン》里から羅津へと斡旋された金徳炯《キムドッキョン》(当時二二歳)は、同年六月初旬に工事現場で仕事中に土車にひかれて命を落とした。しかし、雇主である三木組はいかなる「慰謝」もしなかったばかりか、家族へ死亡の通知すらなかった。死体は一緒に行った仲間たちの手で埋葬されてしまった。家族はそれから一カ月後に、一緒に羅津に行った仲間からの知らせによってようやく金徳炯の死を知った。遺族は苦しみ、泣き続けたという。霊岩郡新北面明洞里の人びとは、三木組の「非道」を問題視し、全羅南道知事に陳情書を提出した[74]。

例外的な事例としては、現地に労働者が十分に存在するにもかかわらず、朝鮮総督府が斡旋した労働者が優遇されるというケースもあった。これにより、地元の労働者との葛藤を引き起こし、矛盾が生じた[75]。

一九三六年春に朝鮮北部に送った労働者の様子を視察した朝鮮総督府社会課の竹内清一は、「今年の春に送った二〇〇〇名中で三割ほどの逃亡者がいたが、まずはこれもよい成績だと見るしかない[76]」と述べた。竹内は、三割の逃亡者がいたにもかかわらず、「よい成績」と強弁したのである。そもそも竹内が労働者の定着や生活の安定を実現する意思を持っていなかったことのあらわれである。また、竹内が労働現場を離れた人を「逃亡者」と把握していたことも興味深いことである。強制的な労働動員という意識が、当局者の側にあったことを示すものである。

棄民政策としての「移動紹介事業」

以上を踏まえて、「移動紹介事業」をどのように見ることができるのか、整理しておこう。一九三一年に朝鮮総督に就任した宇垣一成は、「農工併進」のスローガンの下に、「農村振興運動」を開始するとともに、朝鮮北部における「工業化」政策を推進しようとした。また、朝鮮北部の羅津において港湾都市「開発」が開始されるなどの動きもあった。このような中で実施されたのが「移動紹介事業」である。「移動紹介事業」は、朝鮮北部の一連の建設事業のための労働者を供給することに加えて、「過剰人口」問題を「解決」し植民地支配の「安定化」を図り、また日本本国への渡航を阻止するために実施された。

すなわち、この政策は、北部における建設事業の遂行と「人口調整」の二つの目的を持っていたわけである。

ただし、実際の展開過程を見る限り、その重点は後者にあったと思われる。羅津や長津江などをはじめとした現場では、農村の貧困を背景として、朝鮮総督府の斡旋を待たなくても大量の人びとが仕事を求めて殺到した。しかし、労働力需要は朝鮮南部からの斡旋労働者を吸収するほどには創出されておらず、収容難や賃金低下といった問題が生じた。労働者不足の労働現場が存在したことも事実であるが、そもそも朝鮮南部の「過剰人口」を「解消」するには到底不十分な労働力需要しか創出されていなかったのである。

したがって、「移動紹介事業」は、北部における建設事業の遂行という目的がなかったわけではないものの、主として「人口調整」の意味から実施されたと判断される。「移動紹介事業」は、朝鮮農村の貧困層に対する棄民政策であった。

「移動紹介事業」においては、一部炭鉱への斡旋もあったが、それ以外は土建労働者として斡旋された。土建労働は、一定の場所に定着して労働するのではなく、工事が終了すれば他の労働現場に移動することが前提となっている。また、たとえば羅津においては三カ月にも及ぶ結氷期があり、その間は仕事がないといった問題もあったうえに、住宅も十分に確保されていない状態であった。貧困に直面した農村の人びとは生活の安定を求めて、多くは家族同伴で移動したわけであるが、そこで待っていたのは不安定な生活にほかならなかった。

また、受入側が斡旋される労働者を「不良」と見なし、斡旋に対して否定的な態度を示していくことは注目すべき点である。朝鮮総督府は「過剰人口」の「解消」のために、労働者を送ることを優先したわけであるが、実際、農村出身者がすぐに労働現場に適応できるはずもなかった。また、不当な待遇に不満の声をあげる労働者は、受け入れ側から「不良」と見なされたものと思われる。

「移動紹介事業」は、朝鮮総督府が主張するような「救済」事業ではありえなかった。「救済」を前面に出すことによって、植民地支配による農村の荒廃を隠蔽し、それに伴う支配の不安定化に対処しようとしたものであった。

根本的な問題は、日本の朝鮮支配が朝鮮の農村における農民の没落を引き起こしたことである。「移動紹介事業」はそうした農村支配の矛盾を糊塗しようとするものであったが、むしろ人びとの境遇を悪化させ朝鮮支配の矛盾を拡大させる面を持っていたのである。

斡旋された朝鮮人労働者は、故郷へ「帰還」したり、ストライキをおこしたりするなどした。朝鮮総督府は支配の「安定化」を「移動紹介事業」の目的としていたが、それとは裏腹に朝鮮人労働者との矛盾を深め、ひいては支配をさらに不安定化させていくことにもつながった。

朝鮮人労働動員はいつからはじまったか？

「移動紹介事業」の展開過程を検討してきたが、ここからは朝鮮人戦時労働動員との関係について考えてみたい（朝鮮人戦時労働動員の問題は、現在、韓国では強制徴用問題と呼ばれている。日本では徴用工問題と称されることが増えた）。

日本本国への朝鮮人戦時労働動員は、日中戦争の長期化に伴う労働力不足によって、国家総動員法

（一九三八年）に基づき、一九三九年に開始され、一九四五年まで続いた。労働者を朝鮮から日本本国に動員する際には、朝鮮総督府の地方行政や警察が関与しており、強制がともなった（連行にあたって物理的暴力が行使されたこともあった。また、後述するように植民地下の貧困による経済的強制が作用することもあった）。動員先では、民族差別の下で劣悪な居住環境、危険な労働、低賃金、長時間労働などの過酷な状況下で労働を強制された。なお、戦時期に朝鮮人が労働動員された地域は、日本本国だけではなく、サハリン、南洋群島、そして朝鮮内部などにわたっているが、これまでの研究の重点は日本本国への動員に置かれてきた。そこで、日本本国への動員を中心にこれまでの研究での議論を紹介しておこう。

まず「朝鮮人戦時労働動員」という言葉には説明が必要である。この問題をめぐっては、朴慶植『朝鮮人強制連行の記録』（未來社、一九六五年）という重要な文献があり、今日も必読書である。社会的に大きな影響力を持ったこの本によって、朝鮮人強制連行という言葉が社会的にも学術的にも定着してきた。私もまた朝鮮人強制連行という用語を使用する立場に立っている。ただし、ここで朝鮮人戦時労働動員という用語を採用しているのは、「連行」にとどまらない問題を捉えるためである。

朝鮮人戦時労働動員研究の成果を的確にまとめた山田昭次・樋口雄一・古庄正『朝鮮人戦時労働動員』（岩波書店、二〇〇五年）は、この問題について、連行の方式がいかなるものであったとしても（たとえば、植民地下の貧困を背景として本人が動員に応じた場合であっても）、いったん動員に応じてしまえば労働が強制されたという事実の重大性を指摘している。また、動員にあたっては民族差別が貫徹していたことを強調している。そして、以上の認識を踏まえて、朝鮮人戦時労働動員という言葉に込めた意図を次のように説明する。

本書で企業への朝鮮人強制連行を朝鮮人戦時労働動員と呼ぶ理由は、朝鮮人強制連行という呼称では、強制労働、とくに民族差別の問題に目を向けられなくなるおそれがあるからである。〔中略〕強制労働と民族差別は分かちがたく結びついている。強制連行と民族差別の関係もまた同様である。朝鮮人の連行に際して甘言による就業詐欺や暴力的拉致などは日本人に対する徴用にはなかったことであり、それは民族差別の表現としかいいようがない。したがってこの問題にたいする視点としては強制連行、強制労働と前二者に深くかかわる民族差別、この三つへの視点を欠かすことはできない(77)。

この問題を考える上で重要なポイントがおさえられている。その上で、前述したように、これまでの研究においては主として日本本国への動員が中心とされ、本章が論じる朝鮮内での労働者の動員については研究が立ち遅れてきたという経緯がある(78)。

朝鮮内動員の問題を先駆的に研究してきた朝鮮近代史研究者の広瀬貞三によれば、朝鮮内の労働動員には「官斡旋」「勤労報国隊」「徴用」の三種類があり、これらはいずれも直接・間接の強制を伴って遂行された。この中で中心的役割を果たしたのが、日本本国への動員よりも早く、一九三七年から開始された「官斡旋」政策であった(79)(日本本国への労働動員は「募集」(一九三九年〜)、「官斡旋」(一九四二年〜)、「徴用」(一九四四年〜)という三段階で実施された。この日本本国への動員における「官斡旋」と、朝鮮内動員における「官斡旋」については、同じ呼称が用いられているが内容的には別のものである。本書において「官斡旋」と記した際には、朝鮮内動員におけるそれを指すものとする)。「官斡旋」政策は、一九三七年三月に「労働者斡旋に関する綱領[80]」がつくられたことによって開始された。この綱領に基づき、朝鮮総督府・各道庁・京城土木建築業協会[81](のちに朝鮮土木建築業協会と改称)が一体となり、「官斡旋」計画が立案・推進されることになったのである[82]。

この一九三七年からの朝鮮内「官斡旋」政策は、本章で検討してきた一九三四年に開始された「移動紹介事業」の延長線上に位置づくものである。一九三七年以降は「労働者斡旋に関する綱領」に基づき、質・量ともにより強化されたわけであるが、そのスタートが一九三四年であったということは看過できない。私は朝鮮内動員については一九三四年からの政策を見なければ、全体像を把握できないと考えている。

これに関連するが、朝鮮総督府当局は一九三四年からの「移動紹介事業」と一九三七年以降の朝鮮内「官斡旋」政策を、連続したものであると考えていたようである。たとえば、先に参照した一九三九年に朝鮮総督府内務局が発行した『調査月報』は、一九三四年から一九三七年に朝鮮南部から北部へと送った人数を「労働者移動紹介事業」という範疇において同一の表で集計している[83]。また、日本敗戦後に作成された『日本人の海外活動に関する歴史的調査』も、一九三四年から一九四五年までに送った人数を「官斡旋」という範疇において、同一の表で集計している[84]。

一九三七年からの朝鮮内「官斡旋」政策は、朝鮮総督府の行政機構が斡旋を担ったという点でも、「移動紹介事業」の延長線上にあるということが明らかである。さらに、「移動紹介事業」の経験を踏まえて、三七年以降の政策を立案したようにも思われる。一九三七年の朝鮮内「官斡旋」政策の開始にあたって作成された「労働者斡旋に関する綱領」では、「労働調整」のための詳細な方針が打ち出されている。たとえば、「労働者の養成」「労働者の移動並争奪防止」「就労時間」「賃金の標準」「傷病又は死亡の場合に於ける扶助救済」「飯場制度の改善」などについての朝鮮総督府の方針が、この綱領では示されている。[85] 一九三七年以降、朝鮮北部において労働力需要が大幅に増加する中で、朝鮮総督府は「効率的」に労働者を斡旋しようとした。「移動紹介事業」において示された、賃金の低下や収容難、労働者の「帰還」、労働者による抗議などの問題が、「効率的」な斡旋の障害となると判断したからこそ、この綱領がつくられたと見ることができるだろう。しかし、この綱領の規定がほとんどまもられなかったことは、広瀬の研究で明らかにされている。[86]

「移動紹介事業」は一九三七年以降の朝鮮内労働動員(「官斡旋」)を実施する前提になったと見ることができるだろう。土木建築業者や地方行政機関との連携はスムーズではなかったが、朝鮮総督府とこれらが連携して斡旋したという点では、戦時期につながっていくものであった。一九三七年に突如として斡旋のシステムがつくられたわけではなく、一九三四年からの経験がそれを可能にしたのである。そして、「移動紹介事業」は、日本本国への戦時労働動員(一九三九年〜)にもつながっていったと考えられる。[87]

この事実は、朝鮮人労働動員がいつからはじまったのか、という問題と関係している。これに対しては、日本本国への動員であれば一九三九年、朝鮮内であれば一九三七年に開始されたというのが、教科書的な解答である。しかし、すでに一九三四年の段階から、一九三七年以後と類似した方式で、少なくない朝鮮人が北部へと送られていたのである。

だからといって、一九三四年から四五年までの労働動員政策を一緒くたにして捉えるだけでは問題がある。戦時期においては労働力不足から朝鮮人が動員されることになるわけだが、すでに述べたように一九三〇年代半ばにおいては「人口調整」としての側面が濃厚だったと考えられる。つまり、棄民政策から、労働力搾取の全面化という形で、戦時期にかけて政策の重点が変化していくのである。棄民であれ、労働力搾取であれ、いずれも問題であるが、この両面から問題を捉えていくことが必要である。朝鮮人の人権は一貫して無視され、日本側の都合に基づき、モノのように扱われたのである。

一九三四年から戦時期までの連続性という点で、朝鮮人戦時労働動員に関する議論をとりあげたい。樋口雄一は、「朝鮮農村が豊かで、暮らしやすかったとすれば、そこから離れることなく、強制連行を実施するにしても大きな抵抗があり、膨大な農民を労働者として離村させることは出来なかった」と論じている[88]。つまり、樋口は戦時期以前から貧困が深刻化し大量の人びとが農村を離れざるを得なかったことを踏まえ、朝鮮農民の離村という点で、戦時期の労働動員が、それ以前の時期と連続する面があることを指摘しているのである。山田昭次も「貧困と飢餓のために「自発的」に動員に応募した者はとくに〔一九三九年からの日本本国への〕動員の初期にはかなり多かったであろう」とし、経済的困窮という物理的強制以外での強制の存在を明らかにしている[89]（くりかえしになるが、このような場合でも、いったん動員に応じれば強制労働をさせられたのである）。そして、本章で考察した一九三四年から日中戦争までの時期に実施された「移動紹介事業」は、まさに朝鮮植民地支配によってつくられた経済的困窮を背景としたものである（もちろん、そのような場合でも行政の関与の下で動員が行われたことを看過してはならない）。

このように樋口や山田が対象とする一九三九年以降の戦時労働動員にあっても経済的困窮による強制が存在したことを踏まえれば、一九三四年から戦時期までの一連の政策は、植民地支配によってつくられた経済的困窮を含む強制という側面において、連続していると捉えることができる。根本的な問題として植民地収奪による生活破壊の暴力性を考える必要がある（→コラム4　一三三頁）。

日中全面戦争の開始や日本本国への動員の開始（一九三九年）を起点として、朝鮮人の労働動員を捉える視角からは、こぼれ落ちるものがある。動員された労働者本人にとって、植民地下の経済構造によるものを含め強制力が一貫して作用していたことや、待遇がひどいものであったという点を踏まえれば、動員された時期が決定的な意味を持つとは限らないだろう（制度や法的な枠組みを含めた時期ごとの政策の変化について、綿密な議論をする必要があることは前提である）。

本章で紹介した工事現場で事故死した金徳炯。かれの死への対応を使用者側に求める声は、当時かろうじて新聞で報道されたが、今日に至るまでかき消されたままである。ほかにも、斡旋に応じたのに職を得られず各地を流浪することになった朝鮮人など、朝鮮総督府の政策によって生活を破壊された人たちは数え切れない。声をあげることができなかった人びとや記録にすら残されていない人びとが無数にいることも忘れてはならない。これらは、従来の「戦争責任」の枠組みを前提に、戦時期の労働動員だけを対象としてきた認識ではとりあげることができない。そうした人びとの声を聴き取ろうとすれば、一九三七年や一九三九年という区切りは、必ずしも大きな意味をなさないように思われる。

朝鮮人の労働動員に関する研究は未解明な部分が多い。一人一人の人生を明らかにすることも大切にしながら、全体像を捉えようとする研究は今後も継続されなければならない。

コラム……4　植民地収奪と朝鮮農民

植民地期の朝鮮は農業社会であり、人口の大部分を農民が占めていた。そうした朝鮮農民の多くにとって、日本による植民地支配の時代とは、自らの生活基盤を脅かされ、絶対的な貧困を強制された時代であった。[90]

日本によって一九一〇年から開始された「土地調査事業」は、日本人や地主に有利な形で土地所有権を確定し、多くの農民の土地を奪った。また「土地調査事業」によって、重層的な権利関係が否定され、耕作権を失う農民が生じ、共有地などは「国有化」されていった。「国有化」された土地は、日本の国策会社・東洋拓殖株式会社などに払い下げられた。また、土地所有権の確定は、植民地支配の財政的基盤を確保することにもなった。なお、近年の「土地調査事業」の研究では、土地紛争関係の史料を丹念に分析することを通じて、土地に対する権利を奪われた人びとの状況が明らかにされている。[91]

さらに、朝鮮は日本の米の供給基地と位置づけられ、一九二〇年代には「産米増殖計画」がおこなわれた。これは日本人が食べるための米を、朝鮮人に増産させるというものであった。特に、工業地帯の労働者に安価な米を提供することが、日本資本主義の重要な要請であった。朝鮮では、米の生産量こそ増えたが、それ以上に日本に米が渡り、朝鮮人は自らつくった米を消費できない飢餓輸出状態となった。

こうした政策の中で、日本人や日本企業を中心とした植民地地主制が強化されていった。特定の地主（日本人や前述した東洋拓殖株式会社など）に土地が集中したのである。全羅北道《チョルラブッド》などの穀倉地帯では、特に日本人の大地主が形成された。三菱財閥の創始者の岩崎弥太郎《いわさきやたろう》の長男である岩崎久彌《いわさきひさや》や、大倉財閥を経営した大倉喜八郎《おおくらきはちろう》、細川家の第一六代当主であり大物政治家の細川護立《ほそかわもりたつ》など、日本の政財界を牛耳る有力者

たちが、大地主となり、高額の小作料を課し、大きな利益をあげた。(92)

朝鮮語新聞『東亜日報』一九二八年二月二三日付は、「惨憺たる金堤《キムジェ》農村」として、全羅北道農村の過酷な状況を紹介している。まず、竹山《チュクサン》面については、「面の総耕地面積は二千四百余町歩に達するが、日本人所有が八割であり、朝鮮人所有はようやく二割に過ぎない。農家戸数が千百五十余戸に達する自作農は四戸に過ぎず、そのほかはすべて小作農である」とされている。次に、白鷗《ベック》面は「住民の約八割五分が小作農である。小作料が実際には五割ないし六割に達しているので、かれらのほとんどは小作料を納付する日がすなわち食糧が絶える日である。特に飲料水が足りなくて問題である」と指摘されている。

生活が立ちゆかなくなった数多くの農民たちは、農村を離れることを余儀なくされた。日本本国や満洲に渡る者もいた。そのように移り住んだ人びととその子孫は、今日、在日朝鮮人や中国朝鮮族と呼ばれている。また、朝鮮内で火田民や土幕民となる者もいた。ここでは火田民・土幕民について見ておこう。

火田民とは、山に入り、一定の場所に火をつけて、焼き畑をする農民のことである。トウモロコシやジャガイモなどを育て暮らし、土地の地力が尽きて農業ができなくなると、ほかの場所に移って火をつけて農業をおこなった。火田民は、朝鮮王朝時代から存在していたが、植民地化以降、その数と火田面積は急激に増加したのである。朝鮮総督府は火田耕作を禁止していたが、農村で生活が破綻し、行き場をなくした農民たちは次々に山に入った。特に朝鮮北部の山は奥深く、朝鮮総督府の監視と統制は完全には及んでいなかった。そうしたところで、火田民たちは自らの生活の場をつくりあげたのである。特に中国と国境に接する山岳地帯では、社会主義の影響力も強く、抗日運動の拠点としての役割も大きかった。

土幕民とは、都市部に入り込み、「土幕」と呼ばれる小屋を建てて暮らしていた貧民層である。ソウルや平壌をはじめとした各地域には、必ずといっていいほど土幕民の村が存在した。多くは国有地や府有地などの「公共用地」を「不法」に占拠して、生活していた。土幕民に対しては、都市建設の進展に伴い、強制撤去政策がおこなわれた。それは次章で見る羅津でも同様である。

今日、日本社会では、「植民地支配が朝鮮社会を豊かにした」といった類いの主張がなされることがある。しかし、植民地社会では、朝鮮人の大多数は過酷な貧困状態に追い込まれていた。日本人は自らのために、朝鮮総督府や朝鮮銀行などの「立派」な建物をソウルに建てたわけであるが、その近くには行き場を失った土幕民たちが、必死に命をつないでいた。植民地支配が朝鮮社会を豊かにしたということにはならないのである。

第五章

空き地だらけの都市——越境する人びと

清津の街で

二〇一九年六月、朝鮮民主主義人民共和国の北部の都市・清津《チョンジン》を訪れた。清津は想像以上の大都市であった。

清津では人びとが、発電所などの建設事業を次々に進めているという。説明をしてくれた現地の方は、生き生きとそれらの事業について語ってくれた。

清津は工業地帯として知られるが、漁業もさかんである。滞在中、たくさんの魚を食べた。特に、スケトウダラ（明太《ミョンテ》）が有名とのことで、とてもおいしかった。

清津には漁民が多く、海辺では漁船も見ることができた。案内してくれた方の知り合いにも漁民がいるということだった。日本ではこれらの漁船が遭難した際に、「不審船」などと報道されることが多い。日本社会では、そうした漁船に対する不信感が強く、そこに乗っている人間に対する具体的な想像力は乏しいように思われる。

清津で出会った人びとはとても人間味にあふれていた。たった数日案内してもらっただけなので、到底わかり合えたとはいえないだろうが、話してくれたことの一つ一つが印象深く、さまざまな表情が脳裏に焼き付いている。車の中で朝鮮の歌を教えてくれて、一緒に歌ったこともとても印象に残っている。清津は、日本からは非常に訪問しにくい場所である。北京経由で平壌に行き、「はじめに」でも書いたようにそこからさらに飛行機で行かなければならないのである。最低でも片道三日はかかってしまう。しかし、考えてみれば、一衣帯水の近さなのである。もし直行便があれば、とても身近に感じられる場所に違いない。

日本社会で、清津といっても、多くの人は全く具体的なイメージを持っていないだろう。仮にあったとしても、「貧しいところ」「よくわからないところ」「辺境」。せいぜいそんなところではないだろうか。本章では、日本人が朝鮮東北部とどのように向き合ってきたのかを歴史的に振り返り、そのうえで「むこう側」から世界を眺める方法を模索してみたい。

「裏日本」という観念

現在、日本社会で「裏日本」という言葉を聞く機会はほとんどない(1)。「裏日本」とは、おもに北陸・山陰地方を指す言葉である。この言葉は、一九七〇年ごろまではふつうに使われていたようであるが、その後、差別語として使用されなくなった。

カギ括弧付きとはいえ、「裏日本」という言葉をここであえて使うのは、その歴史的な意味を検証するためである。

「裏日本」は、地理的な概念ではなく、政治的な用語である。「裏日本」の反対、すなわち「表日本」は、太平洋側を指す用語であるが、この「表日本」は、日本の近代化政策によって、政治・経済の中心

写真 6　清津

写真 7　スケトウダラ料理

とされた地域である。他方で、「裏日本」は近代化政策の対象から外されて、「遅れた」地域としてつくりだされたのである。日本近現代史研究者の阿部恒久によれば、一九〇〇年頃に「裏日本」という言葉が、明確な地域格差を観念する言葉として、人びとの間で強く意識されるようになったという。そして、実際、新潟などでは、近代化政策の進行の中で人口の流出がはじまったという。

「裏日本」の典型とされる新潟県の場合、自然環境などが厳しいことは事実である。雪害があり、交通の途絶も少なくなかった。しかし、新潟と「表日本」の間の地域格差は、自然環境によって決定されていたわけではない。インフラ整備を太平洋側に厚くし、日本海側をおろそかにした日本政府の政策の結果だったのである。

「裏日本」という観念は、そこに生きた人びとの意識をも左右していくことになる。自分たちが住んでいるのは「遅れた地域」なのだとして、新潟などではそれを克服するための道を模索するのである。しかし、この「遅れ」は政策的につくりだされたものであるゆえ、日本政府の方針を変えさせない限り、どうなるというものでもない。

そこで注目されたのが、大陸との貿易関係の強化である。一九〇二年、新潟商業会議所の報告は、横浜港や神戸港、長崎港、函館港などと比較して、新潟港の貿易は低調であると嘆いている。そして、朝鮮およびシベリアとの「貿易の発展」を図る以外に、道はないと述べている(2)。

新潟を発展させるためのプランは、帝国主義と結びついていく。日露戦争後、日本社会では、アジア侵略の主張がますます高揚していくことになる。新潟などでは、ロシアの沿海州や朝鮮・満洲への侵略を通じて、地域の発展を図ろうとする意見が台頭してくる。日本における対外膨張の思想が、新潟などにおいては地域発展の「遅れ」を克服しようという発想と一体化していくのである。日本が大陸への膨張政策を進めれば進めるほど、日本海に面している新潟などは、その進出の拠点として発展が望めるとの見通しを持っていたのである。とはいえ、新潟の発展の「遅れ」はなかなか克服されなかった。

一九三一年に大きな転機が訪れた。まず、九月一日、上越線の上野(東京)〜新潟間が全面開通した。新潟と東京の間には山脈がそびえたっていたが、大規模なトンネル開通により、はじめて上越線はつながったのである。東京までの移動時間は、大幅に短縮された。太平洋側から見たときに、新潟は日本海への玄関口としての役割を増すことになったのである。

同じ年の九月一八日、「満洲事変」が引き起こされ、日本の満洲への侵略が本格化した。そして、一九三二年には、日本の傀儡《かいらい》国家である「満洲国」がつくられていく。これによって、新潟は、「満洲国」の玄関口としての役割を与えられていくことになる。すなわち、東京から上越線で新潟へ行き、新潟港から朝鮮東北部の港(羅津《ラジン》港・清津港・雄基《ウンギ》港など)へ上陸し、そこから「満洲国」の首都である「新京」へと鉄道で向かうのである。当時、東京から「新京」まで五〇時間で到達できるとされたが、これは大連経由よりも短時間であると宣伝された。

このように新潟の脱「裏日本」は、現実のものになるかに見えた。しかし、朝鮮東北部を経由する輸送ルートは、朝鮮東北部側の鉄道輸送力が不足していたり、船舶が不十分だったりしたことで、貿易量はそれほど大きな規模とはならなかった。結局、「裏日本」や朝鮮東北部を経由するルートの経済的な意味は、限定的だったのである。

人口変動　（単位：人）

1937年	1938年	1939年	1940年	1941年	1942年
18,924	16,216	20,261	27,314	30,315	29,036
4,893	4,105	5,769	6,927	7,688	8,640
691	1,166	678	698	345	921
24,508	21,487	26,708	34,939	38,348	38,597

1935～42年…『朝鮮総督府統計年報』1939～42年版．また，1931～

る．1936年の羅津府昇格に伴い，従来の羅津邑に属していた鐵柱洞
455人，合計461人であった

空き地だらけの「都市」羅津

「満洲国」が建国される中で、同国への直通ルートの通過点として注目されたのが、朝鮮東北部であった。

朝鮮東北部には清津港（一九〇八年開港）や雄基港（一九二一年開港）がすでに存在していたが、一九三〇年代には前章にも登場した羅津に新たに港を建設し、「満洲国」への玄関口にしようという計画が実行に移されることになった(3)（羅津と雄基は現在の羅《ラ》先《ソン》特別市）。この背景には、羅津港を軍事的にも利用しようとする日本軍側の強い意向があった。実際に、港湾が建設されたのちに、羅津には一九三六年羅津要塞司令部、一九四〇年羅津重砲兵連隊が置かれることになる。

羅津の建設は一九三二年に開始された。朝鮮総督府が都市計画を、南満洲鉄道株式会社（以下、満鉄）が港湾と鉄道の整備を担当するなど、日本の国家機関・国策会社によって進められた事業であった。羅津では、「人口三〇万」を擁する都市が建設されると喧伝された。

ところが、羅津の建設は大きな困難に直面する。次の報告は一九四二年の羅津の様子を示したものである。

府勢及港湾の発展一時停頓の状況となり、今日に至れり、この結果

表3　羅津における

	1931年	1932年	1933年	1934年	1935年	1936年
朝鮮人	4,445	5,455	11,671	18,948	22,083	18,865
日本人	62	329	3,474	5,284	6,102	4,553
外国人	13	39	117	253	590	277
計	4,520	5,823	15,262	24,485	28,775	23,695

出典：1931～34年…『建設途上にある大羅津』羅津商工会，1935年，13頁．
36年は『羅津府勢一班』羅津府，1937年でも同様の数字が得られる
備考：①年末の数字である．② 1931～35年の人口は，鉄柱洞の人口を含んでい
が離脱したのである．鉄柱洞の1934年12月末の人口は日本人6人，朝鮮人

第一期区画整理地区内に於ても未だ七割五分の空地を存し、人口の如きも漸くにして四万を数ふるに過ぎず、府財政従って窮迫の現状に在るものとす[4]。

「第一期区画整理地区」とは、都市計画が最初におこなわれた場所であり、羅津の都市の中心部を指す。そこですら、空き地が「七割五分」という状況だったのである。人口も三〇万人には遠く及ばない四万人程度であったという。

表3にて人口の変動を確認しておこう。羅津は港湾建設が開始された一九三二年以降、急速に人口が増加するが、一九三五年をピークにいったん減少に転じる。その後、若干人口は増加していくが、やはり四万人にとどいていないのである。

羅津における建設事業の行き詰まりについて、少しさかのぼって、朝鮮軍参謀井《い》原潤次郎《はらじゅんじろう》の発言を検討することにしたい。井原の発言は、一九三八年の張鼓峰《ちょうこほう》事件に関連して羅津について述べたものである。

張鼓峰事件が起りましたその時に、一番困ったのは羅津及び雄基あの附近に於ける宿営力が少いことであります。〔中略〕羅津にお出

でにならば明瞭でございますが、本府〔朝鮮総督府〕及び道の非常な熱意と御努力で区画整理が出来上りました。〔中略〕所が道は出来たが家は建たん〔中略〕家を建てなければ都市計画をしてをっても何も貢献することが出来ないのであります。〔中略〕単に国際都市としての羅津港の発達といふ意味のみでなく、国防上も困ってをる。あそこに軍隊を揚げても野宿をさせなければならん。内地から折角連れて来た兵隊を満洲方面に送るにしても泊るに家がない。供給される物資も少い(5)。

まず、井原の発言の中で言及されている張鼓峰事件とは、一九三八年七月から八月にかけて起こった日ソの軍事的衝突である。張鼓峰は、植民地朝鮮・「満洲国」・ソ連の国境が接する地域であり、同事件は張鼓峰をめぐる国境紛争であった。羅津は、張鼓峰へとつながる重要な軍事輸送ルートだったのである。

井原の発言から読み取れることは、羅津が軍事的に使いものにならなかったということである。先に羅津は日本軍の強い意向を受けて建設が決定されたと述べたが、日本軍側が期待したようには建設が進んでいなかったのである。都市としての発展がなされなければ、軍事的にも非常に困難が伴うということである。

羅津は、どのようにして空き地だらけの都市になってしまったのか。そのことは、地域社会に暮らしている朝鮮人にとって、いかなる意味を持っていたのだろうか。

羅津の建設を見る前に、植民地支配下の土建事業について考察を深めるために、都市建設とも関わる道路建設の実態に触れておこう。日本側がおこなった道路建設の実態について、『大阪朝日新聞』の京城特派員である中野《なかの》正剛《せいごう》は、「憲兵が机上にて計画せし道路を目し俗に之を鉛筆道路と云ふ、鉛筆道路は鮮地内〔朝鮮内〕随処に之を発見し得べし」と述べている。(6)一九一〇年代において朝鮮の道路建設は、憲兵警察(→コラム1　二七頁)が関与して極めて暴力的に推し進められた。憲兵警察は、道路建設を含む日常生活に関わる領域にまで関与していたのである。(7)

憲兵は日本側の軍事上・政治上の必要を踏まえ、朝鮮人側を全く考慮することなく、定規で直線をひくかのように道路建設を計画し、実行に移したのであった。中野の指摘によれば、従来、商業との関わりもあって、往来がさかんだった道路のすぐそばに、新たに日本側によって直線道路が建設された。しかし、人びとの迷惑を省みない計画だったために、新設道路はほとんど人が往来せず、従来から存在した道路を人びとは利用し続けたという。

朝鮮を支配するうえでは、道路建設により、日本軍が通行しやすくすることが、喫緊の課題であった。実際に、三・一運動を弾圧する際に、道路が軍隊の通行路として、大きな役割を果たしたのであった。また、経済的な収奪を実行するうえで、人や物を運ぶ道路の建設が重要な意味を持っていたのである。(8)

中野は道路建設の様相について、次のように述べている。

憲兵の之〔道路〕が開設を命ずるや、頗《すこぶ》る厳格にして、先づ任意に道路の経由すべき地域を決定し、人民に命じて其土地を寄附せしむ、而して後愈々《いよいよ》工事に取懸るや、再び命令を発して負役を募るなり。百姓は自己の田地を没収せられ、剰《あまつさ》へ自己の労力を提供して、自己の田地を潰すを怨めども、如何せん官憲の命なれば、之を否むに由なきなり(9)。

憲兵の命令の下で、朝鮮人は土地を「寄附」させられ、その上に、負役（労働）まで課されたのである。「寄附」は名目に過ぎず、土地の強奪にほかならなかった(10)。

道路建設のために土地を奪われ、さらに道路建設に労働動員された人びとの経験は、第一章で見た永興湾での軍事基地建設の犠牲となった人びとのことを想起させる。日露戦争という戦時下に開始された軍事基地建設と、植民地支配下において憲兵の命令でおこなわれた道路建設は、日本軍主導で強権的になされたという点で共通性があるといえよう。すなわち、植民地支配は、植民地化のための戦争の延長線上にあるのであり、一九一〇年の「韓国併合」という区切りは、人びとの過酷な経験を踏まえれば、必ずしも大きな意味を持ち得ないのである。そして、次に見る一九三〇年代の羅津の港湾・都市建設もまた、憲兵警察制度こそ廃止されたものの（**→コラム2　四九頁**）、極めて暴力的に進められたのである。

羅津建設事業の停滞

羅津に話を戻そう。羅津は前述のとおり、一九三二年に突如として港湾都市の建設が開始されたわけであるが、それ以前は小さな漁村であった。

一九三二年八月、羅津が満洲との新ルートの接続港に決定したことが発表されると同時に、大量の人口が流入した。この変化は前掲の**表3**でも見たとおりである。従来は漁業や農業が主要産業であったが、接続港への決定によって商工業者・労働者（多くは日雇いなど不安定な雇用であった）が大幅に増加した。

人口増加をもたらしたのは、羅津港建設に伴い労働力や商業の需要が創出されるという期待であった。ところが、羅津に集まってきたものの、仕事もなく、住宅も不足している状況であった。当時の日本語新聞『満洲日報』は、「羅津に来れば黄金の雨でも降ってる様に思って飛び出したもの許《ばか》りですが、来て見りゃギャフンです」と現地の人の声を伝えている[11]。羅津の建設事業は、はやくも停滞を見せていたのである。羅津建設が進まなかった理由を、建設をおこなった日本側の事情に注目して見ると、次の三つが考えられる。

一つは、日本側の政策を実行する諸主体が、バラバラだったということである。前述のとおり、羅津の建設を強く推進しようとしたのは、日本軍であった。日本軍にとって、満洲における鉄道の敷設は、満洲支配を確立するうえで大きな意味を持っており、そこへと接続する羅津港の重要性も高かったのである。日本軍は、大連と朝鮮東北部の港湾を二大拠点として、満洲の交通網の掌握を目指すという方針を打ち出したのであった。

話は少しさかのぼるが、一九三二年四月、満洲に接続する朝鮮東北部の港をどこにするのかについて、日本軍や朝鮮総督府、満鉄などの関係者が集まり、話し合いがもたれた。

日本軍の主張は、「天然の良港」である羅津に新たに港湾を建設することであった。しかし、朝鮮東北部には以前から整備が進められてきた清津・雄基港などがあった。そのため、満鉄側は、清津・雄基などの他候補も含めて検討すべきだとし、羅津港を新規建設することに疑問を呈した。朝鮮総督府もまた、清津・雄基を併用して、将来的に不足したときに羅津を建設すればよいという態度であった。朝鮮総督府は、一漁村に過ぎなかった羅津で都市建設をおこなうことは経済的にも困難であると認識していた。

このように満鉄も朝鮮総督府も、羅津に新たな港湾都市を建設することには消極的であった。しかし、日本軍は軍事上の理由から、これを押し切ったのである。

このような不一致が、羅津建設事業の障害となったことは想像に難くない。港湾や都市の建設を実際に担当したのは満鉄や朝鮮総督府であったが、この事業の優先順位は必ずしも高くなかったのである。

第二の理由として、主として日本人による土地投機が激しく、満鉄による港湾建設のための土地買収が困難を極めたことが指摘できる。前述の話し合いを踏まえ、一九三二年五月に羅津の港湾建設は決定されていたが、それが世間に発表されるのは八月であった。しかし、八月以前にすでに羅津「開発」の噂は流れており、日本人を中心とした資産家たちは、土地価格の値上がりに期待して、土地投機を激しくおこなった。羅津の土地は多くが日本人不在地主のものになったのである。満鉄の依頼を受けて、朝鮮総督府は当初こそ土地収用令を適用して、低価格で満鉄に買収させることを試みたが、日本人を中心とした地主はこれに抵抗し、結局、満鉄と地主たちの痛み分けのような決着となった。この決定がなされるまで数年の時間を要し、工事は大いに停滞したのであった。

この土地買収をめぐる紛争は、朝鮮総督府・満鉄・地主間で展開されたが、現地の朝鮮人住民は蚊帳の外であった。朝鮮人住民たちは、土地投機によってすでに低価格で土地を買収されてしまったのであった。日本人側にとって羅津は投機の場所に過ぎず、そこに暮らしている人びとの存在は顧みられなかったのである。

建設事業が停滞する第三の理由としては、予算の不足を指摘することができる。これは特に都市建設を担当した朝鮮総督府の側に顕著であった。朝鮮総督府は国費を全面的に投入して都市建設を実施するのではなく、地主側に建設費用を負担させ事業を進めようとした。朝鮮総督府は羅津建設事業を実施するにあたって、日本本国の都市計画法にあたる朝鮮市街地計画令(一九三四年)を制定したが、ここには地主負担で土地区画整理を実施するための規定が含まれていた。これが羅津に適用されたのである。要するに、朝鮮総督府は羅津建設事業に対する予算上の支出を最小限にしようとしたのである。地主の大部分は前述したように投機を目的とした日本人不在地主であった。朝鮮総督府は「受益者負担」を掲げて都市計画費用の負担を求めたが、これが地主側の反発を招くことになった。

また、朝鮮総督府は、朝鮮市街地計画令に基づく市街地計画(都市計画を意味する)の実施主体を、地方行政団体とした。したがって、地主負担以外の費用は、地方行政団体から支出せざるをえなくなった。国庫補助金なども多少は支給されたものの、重い費用負担が地方行政団体に転嫁されたのであった。この地方行政団体の財源は、住民から徴収する税金が主である。もともと小さな漁村であった羅津の住民にはそこまでの税負担能力はなかったが、重税が課されることになった。羅津では、地方財政の規模が小さかったにもかかわらず、国策により大規模建設事業をおこなうことになったのである。

以上の三つの理由が、日本側の事情である。これに朝鮮社会の側の動向(後述)が組み合わさって、ますます港湾都市建設事業は困難になっていくのであった。港湾都市建設によって羅津は経済的に潤っていると信じて多くの人が集まったわけであるが、実際には建設事業は進まず、そのため人びとの生活は困難を極めた。前章で論じた「労働者移動紹介事業」はそのような中で実施されたのである。

強権的な都市計画法令

羅津の都市建設事業に伴って、朝鮮総督府が朝鮮市街地計画令を制定したということは先に述べた。ソウルや釜山《プサン》のような主要都市ではなく、羅津建設のために、日本本国の都市計画法にあたる法令を朝鮮で制定したのはやや意外なことである。主要都市にこそ力を入れるのが一般的であるように思えるし、朝鮮総督府はそれほど羅津建設に積極的ではなかったことからしても不自然である。同令を制定した一つの理由は、前述したように地主に事業費用を負担させるという意図のためではないかと思われる。

そして、もう一つの理由としては、羅津が軍事的な要請に基づいて建設される都市であったことから、さまざまな抵抗を排して強権的に事業を実施するための法令が必要とされたという事情がある。以下、この点について掘り下げてみよう。

朝鮮市街地計画令は、日本本国の都市計画法をベースにした法令であるが、特に住宅の強制撤去を規定する部分には大きな違いがあった。ここでは法令の詳細な解説は省くが[12]、朝鮮市街地計画令(第四七条)では住宅の移転命令が非常に強力にできることになっていた。この規定は、日本本国の都市計画法などと比較して、極めて強権的であった。

市街地計画と住宅強制撤去

羅津には、市街地計画実施以前に、港湾都市建設に期待して新たに集まった人びとによって、無統制ではあったが町がつくられていた。また、借地借家料が高額であったので、多くの人びとが河川敷地を

「無断占拠」してバラックを建てたり、邑有地に「土幕」を建てたりして生活していた（→コラム4 一三三頁）。当時の様子を見た人によれば、トタン屋根の建物で埋め尽くされた「急造」の町だったという。そして、羅津の約四四％の戸数が、市街地計画によって立退きの対象となる地域に存在していたのであった[13]。

一九三五年以降、立退き命令が出されていくことになるが、住民たちは一九三五年八月一日、陳情書を羅津邑・羅津警察署・羅津都市計画事務所に提出し、立退きを数年間延期することや、それがかなわない場合に移転費を支払うことなどを求めた[14]。

しかし、羅津の地方行政当局は、八月二四日から要求拒絶の通知書を各陳情者に送付し、九月三〇日までに撤去しない場合には、「司法権を発動させ強制撤去させる」とした[15]。ただし、九月一五日の段階で、退去に応じたのは河川敷地と邑有地の家屋七百余戸のうち五十余戸に過ぎず、残りの六百余戸が依然として行き先もなく、とどまっているという状況であった[16]。陳情運動により撤去は困難と当局は判断して、黙認したのであろう[17]。

ところが、一九三六年に入り、いよいよ撤去は本格化していった。五月二七日には、咸鏡北道《ハムギョンブッド》知事竹内健郎の名義で、河川敷地(国有地とされていた)を「無断占拠」しているとされた住民たちに、次のような戒告書が発送された。

　戒告書

右者所有の慶興《キョンフン》郡羅津邑新安《シンアン》洞及間依《カンイ》洞地内河川敷地所在の工作物は、此を昭和一〇年九月三〇日

まで現状に回復し移転せよと命令したが、此を除去しなかったので、本戒告書到着日から二〇日以内に此を除去し移転する事[18]。

この法的根拠が朝鮮市街地計画令第四七条であるかどうかは確定できないが[19]、戒告に応じなかったものに対しては、七月一六日に「吏員一〇名、人夫約五〇名、警察官二〇名」が、「一斉に家屋撤去を開始した」と報じられている[20]。

羅津では、住宅強制撤去に伴って、人口が減少していった。そのことを端的に示すのが、河川敷地に住んでいた子どもたちが多く在籍していた羅進学院《ラジン》(書堂《ソダン》、「津」ではなく同音の「進」が用いられた)の様子である(→**第二章　三六頁**)。同学院では、三六年六月末に在籍していた五一〇人が、住宅強制撤去によって四四〇人まで減少した[21]。

住宅強制撤去に追い打ちをかけるように、一九三六年七月三一日、羅津は集中豪雨に見舞われ、八月二日現在被害は流失・全壊八、半壊四四、床上浸水五六三、床下浸水七五七など大規模な被害が発生した[22]。河川敷地から強制撤去された人びとの中で、行き先のない人は一次的に「土幕」を建てて暮らしていたのであるが、水害により「土幕」すら失うことになった[23]。

住宅強制撤去に水害が重なり、人びとの不満が高まった。住民たちは、河川工事に先行して埋立工事を開始したことによって、排水に支障が出て水害が発生した、すなわち人災であると主張していた。八月五日、都市建設事業の責任者の一人である朝鮮総督府技師の山岡敬介が羅津ホテルに投宿していたが、数百人の人びとが山岡を訪ね、抗議しようとした。「これらの不満は、日頃から抱いてきた不平が、今回の水害で爆発し」たものであったという。山岡は、面会を拒絶した[24]。

八月に入ると、「無断占拠」ではない住民をも対象として、撤去命令が連発された[25]。これは朝鮮市街地計画令第四七条に基づくものであろう。ただし、一九三七年四月段階でも、一五〇〇戸が退去しておらず、強制執行の令状が配布された[26]。人びとは、粘り強く居住を続けたのである。強制執行は、ただちに全戸に及ぼすことは難しく、徐々におこなわれていた。

朝鮮総督府内務局土木事務官の高倉馨は、「〔住宅の〕移転は頗る困難を極め、一部は強制力を用ふるの已むなきに至り、工事の進行を阻む重大なる原因を与えた」と述べている[27]。

ただし、強権的に市街地計画が進められる中で、人びとは羅津から離れることを選択せざるをえなかった。一九三六年以降の人口減少へとつながっていくのである。

羅津では、その後、人口減少により労働力が十分に確保できず、建設工事・港湾運営に支障を来していくことになる。戦時期に人口が増加するのは、朝鮮南部から労働者を強制動員したためであると思われる(→第四章)。それでも、羅津の建設が行き詰まっていったのは、先に見たとおりである。特に人口減少は、税収不足にも直結し、さらなる建設事業の停滞にもつながった。都市建設を推進する側から見れば、「悪循環」に陥っていたということになる。

ところで、朝鮮市街地計画令は、韓国で一九六二年まで効力を有していた[28]。一九五四年に都市計画の「整理区域」に対して「撤去令状が二八日からソウル市当局によって発布された[29]」。これは朝鮮市街地計画令に基づくと考えられる事例である。植民地期に形成された強権的な手法が、その後も「活用」されていったのである。

強権性の行き着くところ

住宅強制撤去以後、羅津では人口が減少していく。朝鮮語新聞『朝鮮日報《チョソンイルボ》』(一九三七年三月一一日付)は、人口減少の原因は「細窮民」に対する撤去命令だと主張していたが、それが妥当であることは、これまでの検討からも裏付けられるだろう。

人口減少は、府当局や府会議員にも危機感を抱かせた。一九三七年三月、府尹田口禎憙は「羅津の人口は異動が激しい、市街整理に伴ふ移転に起因して異動するものも相当にある」との認識を示した(30)。また、府会議員の小山太郎は、「立退の為に住民は減ずるばかりである。人口の減ずることは最も嘆かわしい」と述べていた。日本人側から見ても、羅津は都市としての発展に限界があったのである。

羅津の都市建設は、そこに住んでいた朝鮮人の合意を欠いたものであった。しかも、軍事上の論理に基づき、日本本国よりも強権的な朝鮮市街地計画令に基づいて、暴力的かつ強引に都市を建設しようとしたのであった。その結果が、空き地だらけとなった「都市」であった。

植民地において、たしかに宗主国である日本は絶大な権力を持っている。被支配者である朝鮮人が、それに逆らうことは容易ではない。しかし、そうだからといって、何もかもが思い通りにできたわけではない。むしろ、その強権性ゆえに被支配者との間で深刻に矛盾を深め、また、人びとが生活を維持するために実践を繰り広げる中で、支配がほころびを見せることもあったのである。

羅津は「寒々とした地域」「ゴーストタウン」か?

ここまで、羅津における都市建設が行き詰まっていくプロセスを見てきた。この話を読んできた読者の中には、羅津に対して「寒々とした地域」、「ゴーストタウン」とのイメージを強くした人も少なくないだろう。だが、それはそれで一面的である。都市建設の過程だけを見ていては、人びとの生きる場としての羅津を十分に捉えたとはいえない。

都市建設以前、羅津は漁村であった。(31)朝鮮東北部の沿岸部は全体に漁業がさかんであり、古い時代から特にスケトウダラ（明太）漁業が有名だったという。本章のはじめに述べたように、それは今でも変わっていない。また、一九三〇年代前後はイワシが大量に回遊し、イワシ漁業もさかんになっていた。羅津では、スケトウダラ漁業も営まれてきたが、一九三〇年代の段階では、イワシ漁業とワカメ採取がさかんであった。ここではワカメをとりあげておこう。

朝鮮語新聞『東亜日報《トンアイルボ》』（一九三四年一〇月一四日付）は、羅津湾のワカメは「唯一無二」の朝鮮の重要な「名産」であると報じていた。羅津では、一九三一年にワカメ採取を目的とする新安採藻組合が設立されたが、組合員が六百余人に達し、入採代だけで年収入が千余円に達していたという。(32)組合名に「新安」を冠しているが、これは第四章で触れたように、羅津の行政単位が一九三四年以前は「新安面」だったためである。

一九三二年、咸鏡北道沿岸で生活が難しくなった一〇〇戸以上の「窮漁民」が、「無尽蔵」といわれるワカメを採取するために羅津へ集まった。(33)実は羅津の人口変動をより詳細なレベルで検討すると、都市建設の対象とされなかった漁村においても、一九三〇年代に人口が増加していることが確認できる。しかも、住宅強制撤去がおこなわれ、都市中心部では人口が減少したときでさえ、漁村地域では人口が増加していたのである。羅津の人びとの生活を支えたのは、「都市」ではなく、「漁村」であったということが見えてくる。

『朝鮮日報』(一九三六年一〇月二九日付)は、「新安採藻組合は、朝鮮人産業機関として唯一無二のものである」と述べているが、ワカメ採取が朝鮮人の生活を支える役割を果たしていたのである。

もちろん、ワカメ採取による利益は微々たるものに過ぎず、それによって地域経済が潤っていたということではない。だが、植民地支配という極めて制限された状況にあって、日本の資本が入り込んでこない領域はほとんどなかった。朝鮮総督府の漁業支配の枠内でかろうじて展開されたのではあるが、ワカメ採取は小規模な産業だからこそ、朝鮮人が中心となることができた。植民地支配下における朝鮮人の営為に注目しようとするときには、小規模な産業に目をこらす必要がある。

なお、漁村地域では、人びとによって、書堂と呼ばれる日本の寺子屋のような学習塾が多数運営されていた[34](→第二章 三六頁)。一例をあげておこう。羅津の最も大きな漁村地域には、海洋学院という名称の書堂が設立されていた。これは、共同山林数千坪を二〇〇〇円で売却して、総経費一五〇〇円で一九三二年頃建設されたものであった。昼間には「無産児童」を七〇人教育し、夜には夜学を開いて文字を読むことができなかった五〇人の教育をしていた[35]。なお、一九三四年には、書堂である海洋《ヘヤン》学院をベースとして、私立学校を設立しようという運動も展開されたが、結局立ち消えになっている[36]。植民地支配によって学校教育が制限される中で、漁村の共同体をベースにしながら、教育しようとしていたのである。

もとから羅津に暮らしていた朝鮮人の多くにとっての生活の場は、「漁村としての羅津」であった。

「都市としての羅津」は、日本側が設定したものに過ぎない。

現在の日本社会では、羅津という地域が想起されることは稀であり、「満洲国」へと移住した日本人が経由した港として、回想される程度である。そこでは、羅津を朝鮮人が生きる場として想像する営みはない。これは、「裏日本」からの脱却を目指した新潟側の発展プランにも顕著なことであった。港湾都市建設が実行されたという視点から、羅津の歴史を認識しようとすると、多くのものがこぼれ落ちる。支配者側の認識を相対化し、朝鮮人が生きる場として羅津をはじめとした朝鮮の地域社会を認識していくことは、日本と朝鮮の関係を問い直していく際に重要な視点である。

次に、このことを、羅津が属する慶興郡に注目することで、深めていきたい。

朝鮮側にとっての地域社会とは

ここまでは、主に羅津という地域に焦点をあわせ、歴史を見てきた。だが、この地域を対象と設定した段階で、すでに日本側の「都市計画」的な発想に縛られている。つまり、羅津は日本側が「港湾都市」を建設する場として恣意的に設定したものに過ぎないのであって、朝鮮人にとっては自明な地域単位とは必ずしもいえないのである。

この問題を朝鮮の地域社会の構造を踏まえながら、検討してみよう。植民地期以前、朝鮮王朝の地方の基本単位は、道の下におかれていた「郡」や「県」や「府」であった。これらは総称して〈邑〉ともいわれた[37]（植民地期の邑と区別するために、〈邑〉とする）。

植民地期の地方制度についてはコラム３（九三頁）で見たが、この時期の郡は、おおむね朝鮮王朝以来の地方の基本単位である〈邑〉を継承している。朝鮮人社会の側において〈邑〉を継承した郡が重要であることは、植民地期に入っても変わらなかった。それに対して、日本側は、支配を成り立たせるために、郡ではなく、その下に位置する面を支配の基本単位としようとした。郡レベルでは朝鮮人の旧来の地域支配層が存在していたので、これとは別の新しい支配秩序を形成するために、面レベルでの支配をおこない、地方をおさえようとしたのである。一九一四年にはこのために面の統廃合も実施されている。ただし、面による地域統合は、在来の朝鮮人社会の論理に反していたため、全面的に浸透することは難しかった(38)。

羅津の行政単位は、前述したように、もともと慶興郡《キョンフン》に属している新安面であった(一九三四年羅津邑、一九三六年羅津府に再編)。つまり、植民地支配の基本単位である面(のち、邑・府)をベースとして、日本によって羅津の港湾都市の建設が進められたのである。だが、朝鮮王朝以来、地方の基本的な単位が郡〈邑〉であったということを踏まえれば、「面(または邑・府)としての羅津」という枠組みだけで見るのでは、地域の実態を捉えるには不十分である。

そこで以下では、港湾都市建設の問題を中心とするのではなく、羅津を含む慶興郡(〈邑〉を継承)という場に注目して、あらためて歴史を捉え直してみたい。朝鮮人が自らの社会をつくろうとする下からの動きを明らかにし、これを「面(または邑・府)としての羅津」の歴史に対置させていきたい。

さらに、「郡」に注目するだけではなく、より大きな広がりの中で問題を捉えていきたい。慶興郡が中国・ロシアと国境を接していたということを踏まえ、国境を越える人や物の移動が地域社会にとって持っていた意味を考えたい。

交易の拠点としての慶興

植民地期の慶興郡は一九世紀末の段階では、慶興府という行政単位であった[39]。これは先に見た朝鮮王朝時代の基本単位としての〈邑〉にあたるものである。時代ごとに行政単位の名称には変化があるので、以下、慶興府（一九世紀末）＝慶興郡（植民地期）を、単に慶興と記す場合がある。

まず、慶興の状況を見る前に、慶興が属する咸鏡北道の状況を簡単に述べておこう。咸鏡北道は、中国・ロシアと国境を接しており、両国との間で人や物の移動が活発であった。

朝鮮王朝時代以来、咸鏡北道北部の慶源《キョンウォン》・会寧《フェリョン》には、清国との貿易のために互市（開市場）が置かれていたが、一八八二年の朝清商民水陸貿易章程によって、互市は廃止され、陸路貿易は自由化された（中朝国境地帯の間島《カンド》問題については後述する[40]）。

また、一八六〇年、沿海州は清からロシアへと割譲され、朝鮮とロシアは国境を接する隣国同士になった。ウラジオストクは一八六二年に開港した。当時同港はロシア政府にとって極東唯一の軍事拠点であり、急速に経済発展を図る必要があった[41]。

ロシアは、国境地帯に配置した軍隊へと供給する食料品を、朝鮮から輸入した。沿海州一帯に居住民が増加し国境守備隊が増強されるに伴い、朝鮮とロシアの間の密貿易が拡大した。ロシアと国境を接する慶興府では、住民だけではなく、官員までもが集団的に密貿易をしていたといわれる[42]。

一八八四年七月に朝露修好通商条約が結ばれ、国交樹立と海路貿易が規定された。これにより仁川《インチョン》、元山《ウォンサン》、釜山、ソウル、楊花津《ヤンファジン》がロシアに対して開港された。ただし、陸路貿易は規定されなかった。一八八八年には朝露陸路通商章呈が結ばれ、慶興府を開市場とする陸路貿易が定められた。ロシアとの正式な通商関係が結ばれてからは、慶興府は「禁局」と呼ばれる税務署を設置し、収税をしていた。また、輸出品としては生牛と燕麦が重要品だった。輸入品としては金巾《かなきん》などの織物類などであった。「浦塩〔ウラジオストク〕更紗《さらさ》」を着用する朝鮮人もいたという(43)。

正式な通商関係が整備される一方で、密貿易は依然として継続していた(44)。日本側の史料によれば、ウラジオストク行きの「韓船」が六〇〇隻以上あり、商船に加え、漁船までもが貿易に従事していた。韓国政府は、事実上密貿易を公認し、慶興府の官吏を派遣して収税までしていた(45)。

咸鏡北道には、沿海州への出稼ぎ者が多く、ほとんどの村にロシア語を解する者がいた。出稼ぎには、解氷後の三月下旬に出発し、結氷前の一一月に帰国する者が多かった。ロシアに帰化した朝鮮人も少なくなかった(46)。

慶興にとっての地域発展とは？

前述のとおり慶興府は対露貿易の開市場とされていた。一九〇四年に、慶興監理署理〔「監理」は通商事務を監理する監理署の長、「署理」は代理のことを示す〕李喆栄《イチョリョン》は、慶興の官衙所在地の様子について、ロシアとの開市場というにはあまりにも寂れていると報告している(47)。すでに見たように、ロシアとの海上貿易はさかんだったが、慶興の官衙所在地は陸路貿易の拠点だったのである。

対照的に、慶興府内の南の港である雄基は、交易の拠点として勃興していた。一八九八年、慶興府の居民らは、「訴告書」において、商業が発達してきたので「邑基」〔官衙所在地〕を慶興から雄基へと移し、開港すべきであると提起した。それを受けて慶興監理朴義秉《パクウィビョン》は、雄基を視察し、雄基が新しい「邑基」として適当だという見方を示した。また、海路での密貿易が横行する中で、現在の「邑基」では十分に収税できないと述べた。ただし、このときは「邑基」の移転・開港ともに実現しなかった[48]。

一九〇三年、慶興監理黄祐永《ファンウヨン》が、雄基への監理署の移転、雄基の開港を提起した。雄基は「実に山川が広々としていて、地質は水に沿った土地と高くてかわいた土地があって、農耕と養蚕に有利であり、漁業に便利であり、南は港が開いており商船が絶えず、東はウラジオストクに通じ、北は満洲に接し貨物を輸することが多いので、陸海の通路であり関北〔咸鏡北道〕の都会」であるとする。そして、「当該港を民の願いにしたがって開港すれば、数年もかからずに商業の発達と税の増収が、まさに他港の倍にもなることでしょう」と述べた[49]。

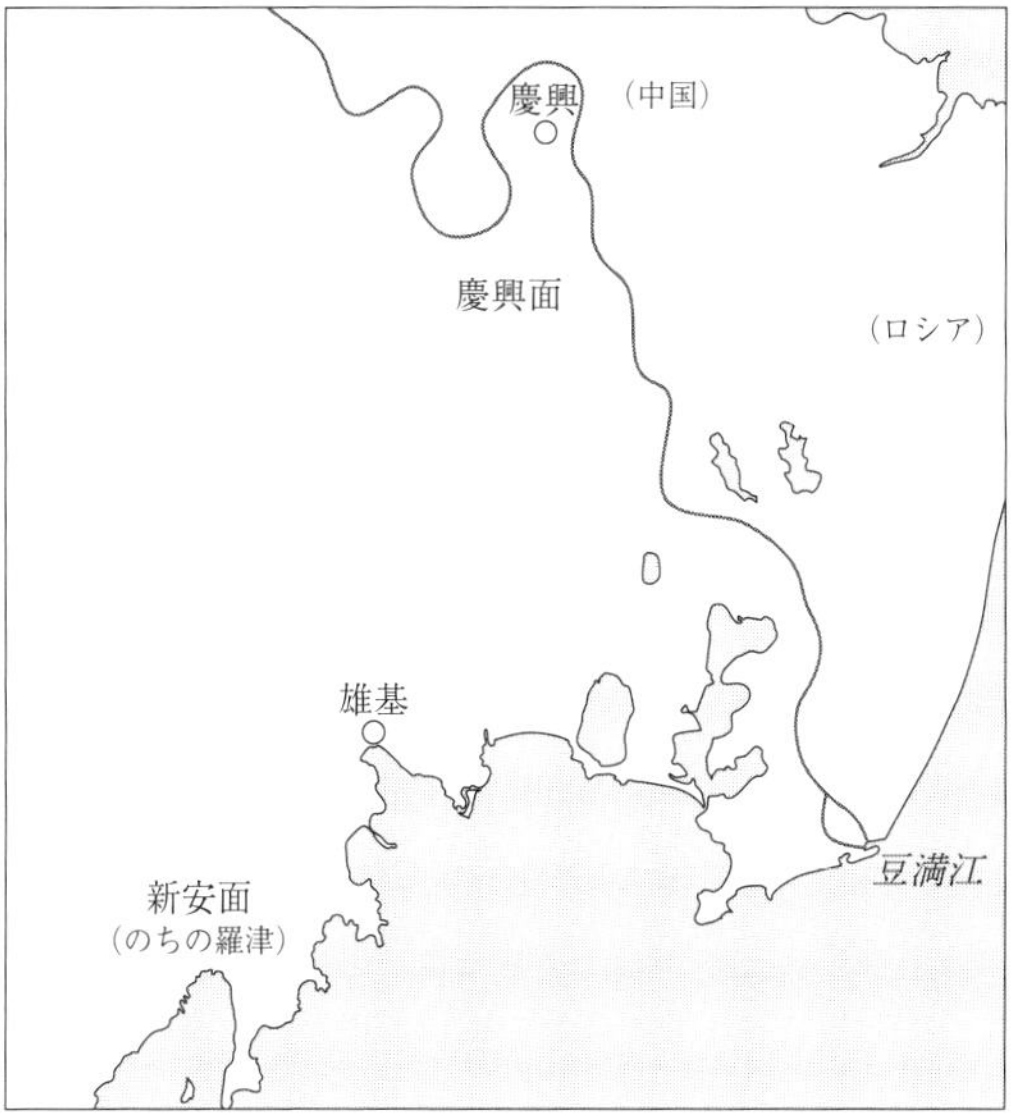

地図3　慶興と雄基(慶興郡)

出典：慶興郡『郡勢一班』1930年に掲載されている地図より作成.

備考：1930年当時の図. 北に位置する「慶興面」が, 植民地化以前の慶興の官衙の所在地であった. 南西に位置する「新安面」はのちの羅津である.

　また、日本側の史料は、雄基について、「六鎮地方〔咸鏡北道のこと〕の貨物は常に当港に出入し従って商業に亦隆盛なり」と記録しており、さかんな経済活動がわかる。(50)その後「慶興郡有志家金学淵《キムハギョン》なる者は同郡人民の代表者として、雄基湾開港請願運動のため本月初め〔ソウルに〕上京」したという。(51)

このとき羅津は慶興府内の小さな一漁村に過ぎなかった。〈邑〉としての慶興の視点に立って考えれば、地域発展への期待は雄基港に託されたのであった。

植民地的に再編される慶興、そして雄基

雄基の開港は実現しないまま、一九一〇年に朝鮮は完全に植民地化される。だが、雄基は朝鮮人側の交易拠点として機能し続ける。特に、雄基と中国・間島の琿春《こんしゅん》市場との間での物流はさかんであった。(52)また、咸鏡北道では、日露戦争時に日本軍の上陸地となった清津が、日本人側の交易拠点として建設された。そのため、咸鏡北道内において雄基は日本人側にとって相対的に重要度が低かったのである。雄基の交易のあり方が従来の形をしばらく維持できていたのはそうした事情もあるだろう。

ただし、雄基港にも変化は訪れた。ロシア革命の影響によって雄基では沿海州との貿易が衰退することになった。こうした中で、雄基港はそれまで以上に、琿春との経済的な結びつきを強めた。

また、日本人側の拠点となった清津港ほどではなかったが、雄基にも日本人が進出していく。特に朝鮮郵船株式会社(日本郵船会社や大阪商船会社などの共同出資)の航路開設があり、さらに一九二一年には日本側によって雄基が開港させられる。この過程で商人を中心とした日本人が雄基に入り込み、この地域の交易の主導権を握っていくことにもなった。かつて慶興の人びとが夢見た開港が実現したと解釈する

ことはできない。むしろ、朝鮮人独自の港としての雄基が、日本の植民地的な港へと転落させられたといえる。

なお、一部上層の朝鮮人は進出してきた日本人に従属しながら、利益を得ようと画策していく。雄基の中で日本側の支配に協力しながら、ある程度の地位を占めた朝鮮人もいないわけではない。だが、多くの朝鮮人がもともと国境を越えた交易に従事しており、朝鮮人の手による交易の発展こそが地域の多数の人びとの願いだったと考えられる。

このように、雄基を中心として慶興の発展を図っていくという地域側の構想は、徐々に日本人側によって侵食されていった。さらに、一九三二年からの羅津港の建設は、慶興のもともとのあり方とは全く異なる形で一方的に押しつけられたものだったのである。

雄基の朝鮮人地域有力者

ここでは一九二〇〜三〇年代の朝鮮の状況を確認しておこう。一九二〇年代以降、日本の植民地支配政策は朝鮮人の民族分裂政策を強め、朝鮮人内に植民地支配への協力者を育成しようとした。そして、表面の内部に、これに呼応する一部の朝鮮人地域有力者があらわれた。民族分裂政策は朝鮮人内部に、深刻な対立と葛藤を持ち込むことになった。朝鮮人有力者たちは、地方議会の議員やさまざまな名誉職などにつくことによって、地域での権勢を誇った(→コラム3　九三頁)。そこで、「地域有力者」という概念は、朝鮮総督府に協力的な地域の上層を指すものとして使用していく。

地域有力者は地域社会の中で、それなりの存在感を示したわけであるが、結局のところ、支配の中心を担い、利益を第一に得るのは日本人なのであって、朝鮮人有力者はそれを支えるために動員されているに過ぎないのであった。

　他方で、一九二〇年代以降、こうした支配体制に抗して、大衆的基盤を持った社会運動が活発に展開された。労働運動や農民運動が高揚し、その中で社会主義運動の影響力が強まっていった。朝鮮総督府はこれを厳しく弾圧した。

　一方、一部に独立を徹底して求めるのではなく植民地支配の枠内における自治を目指す動きもあらわれた（妥協的民族主義）。妥協的民族主義は、地方社会のレベルでは支配に協力する地域有力者という形であらわれた。

　このような情勢を受けて、妥協することなく独立を求める民族主義者（非妥協的民族主義）と、社会主義者が協同して運動を進めようという動きが生じ、一九二七年二月には民族協同戦線であり非妥協的な民族解放運動のための組織として新幹会《シンガンフェ》が結成された。新幹会は府・郡を単位に支会を結成し、その数は国外も含めると一七三に及び、会員は四万人であった。新幹会の中央は民族主義者が多数であったが、支会の多くでは社会主義者が主導権を握った。さらに一九二七年五月には女性の民族共同戦線である槿友会《クヌフェ》が結成され、各地に支会が結成された。

　一九二九年には植民地期最大のストライキである元山ゼネストがたたかわれ、労働者の力の高まりが示された。また、新幹会は、当局によって火田民が追放された事件（甲山《カプサン》火田民事件）に積極的にとりくんだ（→コラム4　一三三頁）。二九年から三〇年にかけては、光州《クァンジュ》を起点として大規模な学生運動が展開された（光州学生運動）。一九三一年には朝鮮総督府の弾圧、運動路線の変化を受けて、新幹会が解消された。以後、社会主義者が労働運動・農民運動などの大衆運動をリードしていった。

一九二〇年代から三〇年代にかけての朝鮮の地方社会では、地域有力者による上からの統合と、社会主義者が重要な役割を果たした非妥協的な民族解放運動がせめぎ合っていたのである。[53]

それでは、話を雄基にもどそう。植民地支配下の雄基の地方行政単位は、慶興郡に属する雄基面であった（一九三〇年代には地方制度改革によって雄基邑となる→コラム3　九三頁）。雄基面（邑）では前述のとおり、一部の朝鮮人地域有力者（多くは経済的に上層で、商工業者・地主が多かった）が日本の支配に協力していた。ここでは、そうした地域有力者によって担われた社会運動について見ていこう。[54] まず、とりあげるのは、港湾・鉄道の設備などを要求する地域有力者の運動である。一九二四年一月、「雄基市民大会」が開催され「鉄道期成同盟会」が組織された。この「市民大会」に対して、ある新聞記者は「市民大会を見て」という論説で、「大会」というわりに参加者が少なく、日本人と、朝鮮人のごく一部が参加した運動にすぎないと批判している。[55] つまり、日本人と一部の朝鮮人上層の利害を代弁する運動であり、雄基に住む大多数の人びとを基盤としていないと判断することができる。

次に、雄基の新幹会運動について見てみよう。新幹会雄基支会の場合は、先に述べた全国的傾向と異なり、首脳部の構成は民族主義者が中心で、しかも徐々に日本の支配に協力する立場（妥協的民族主義）へとシフトしつつあった人物によって構成されており、社会主義運動の影響は小さかったと判断される。[56] 雄基の新幹会運動は、植民地支配の矛盾と全面的に対決するというものではなかったと考えられる。

雄基の地域有力者たちは、経済的な実力や権力との距離の近さ、加えて、地方議会の議員やさまざまな名誉職などをつとめることで社会的に影響力を拡大していた。さらに、右で見た社会運動をおこなうことで、ますます存在感を高め、朝鮮総督府・日本人の路線に同調しながら地域の秩序を形成しようとしていたのであった。

ここでは一九世紀末以来構想されてきた、朝鮮人側の交易拠点としての雄基を目指す志向は途絶えてしまっている。

下からの社会運動と新たな地域形成の試み

以上のように、雄基の地域有力者たちは社会運動を通じて、自らの影響力の拡大を図っていた。これは、上からの地域形成といってよいだろう。一方で、雄基では、これと対抗する形で地域有力者以外の人びとによる社会運動が下から広範に展開されていた。これは、社会主義的な要素を含みつつ、人びとの生活上の要求にもこたえようとする運動であったといえる。

一九三〇年代の慶興郡では、広範な人びとを担い手とする下からの社会運動の大半は雄基で展開されていた。羅津は人口が増加したものの、そこでは下からの組織的な社会運動はあまり見られない。これはなぜか。もともと朝鮮人にとって慶興郡の中心地域が雄基であったことは、大きな意味を持っているように思われる。現地の人びとにとって雄基こそが中心という意識があったのであろうし、運動を形成しうる人的ネットワークがもともと存在していたのだと思われる。その点が、新たに建設された羅津とは大きく異なることであった。前述したように、羅津では漁村の共同体をベースとした書堂の設立が展開されていたが(これは「面」などよりも下の村レベルのとりくみである)、それより規模の大きな下からの大衆的な運動は少なくとも残された記録からは見出し難い。

この時期の社会像を、羅津という行政単位だけに絞って検討してしまうと、当時朝鮮社会で広範に展開していた社会主義的な要素を含むさまざまな下からの社会運動を十分に捉えられない。朝鮮王朝時代の〈邑〉の流れを継承した慶興郡という単位、特にその中でも朝鮮人側にとっての中心であった雄基の動向を見なければならないのである。

以下では、雄基における貧困者向けの教育機関設立運動と、それに対する弾圧の様相を検討していく。この時期の雄基においては、日本側の主導で交易が拡大するなどの結果、労働者や雑業層を中心に人口が増加しつつあった。人口増加は、さまざまな問題を引き起こす。その中でも、とりわけ教育機関の不足は深刻である。そうした状況の中で、下から教育機関の設立を目指す運動が展開されたのである。

雄基における公立教育機関は、朝鮮人向け雄基公立普通学校（一九二〇年創立、普通学校は初等教育学校）が一つあるのみであった。同校の児童数は、一九二六年五九〇人[57]、一九三一年「六百余名」[58]、一九三七年「約一一五〇名」とされている[59]。増加する傾向にあるものの、十分な定員が確保されているとはいえない。特に以下でとりあげる一九三〇年前後は、雄基の朝鮮人人口が急増（一九二六年九五六八人。一九三一年一九一三四人）しているのに[60]、普通学校定員はほぼ増えていないのである。なお、同校は授業料が高く滞納者が多数であり、また、教員への生徒の不満も強い[61]。量的にも、内容的にも、普通学校ではとても児童の要求に対応できなかったのである。

普通学校は「学校費」という名称の地方財政によって運営されていた。「学校費」は朝鮮人だけで組織され、朝鮮人には税金と同じように負担金が賦課される。「学校費」の運営は、この時期の雄基の場合は邑会（→コラム３　九三頁）から選出された学校費評議会員が担うことになっていたので、普通学校の運営は朝鮮総督府の支配に協力する地域有力者が主導権を握っていたと見ることができる。

　実際、商工業者や地主を中心とした地域有力者は、地域の新たな問題である人口増加や、既存の公立学校への生徒の不満には、対応できていなかった。以下で見るように、そうした現実に対処し、貧困層を含む広範な児童の教育を担ったのは労働者団体や女性団体である槿友会であった。これらは社会主義的な要素を含みつつ展開された。

　まず、雄基労働連合会が経営する雄一《ウンイル》学院について検討してみよう（ほかに雄二《ウンイ》学院もあった。以下で使用する史料からこれらは書堂であると判断される）。同連合会は一九二三年創立で、一九二九年時点で会員一四三人、委員長は方仁燮《バンインソプ》であった。一九二九年六月設立の雄一学院は、「無産児童教育機関として世間に知られる」と報じられている(62)。しかし、一九三一年一〇月「収容児童定数超過」を理由に、邑当局に廃校を迫られてしまった(63)。その後、なんとか存続したようであるが、一九三二年三月にふたたび人数の制限を命令された。生徒を選別することはできないとして、やむをえず自ら廃校を決議し、郡庁へ行き普通学校の拡充などを訴えた(64)。その後、詳しい経緯は不明だが「篤志家」の寄付などもあって存続できたようである(65)。一九三三年には雄一学院の教員である朴金順《バクグムスン》（当時二二歳）が「社会書籍」所持の発覚により検挙されるという事態も生じていた(66)。「社会書籍」とは社会主義関係の本であろう。

　次に、槿友会雄基支会の経営による雄基義塾を見ていこう。槿友会雄基支会は一九二八年四月二〇日に創立され、会員八二人を擁し、会長は劉金鳳《リュグムボン》であった(67)。同塾は、一九二八年頃設立されたようである(68)。同塾については、遊戯時間に「万歳」をしたところ、警察が「独立万歳」を想起したのか「騒動」を起こしたということが報じられている(69)。また、雄基義塾は全児童一一四人中五八人が学費を滞納するなどの状況により、経営難に陥っていたといわれるが(70)、このことは貧しい家庭の子どもたちが多数在学していたことを示している。

朝鮮語新聞『東亜日報』(一九三一年四月一五日付)は、「雄基義塾は設立されてすでに三カ年であるが、雄基において学齢超過児童と無産児童などの一般未就学児童たち〔への教育〕と、教養救済事業に莫大なる貢献があった」とする。しかし、同記事によれば、郡当局は、雄基義塾の収容児童数が定数三〇人を超過しているとして、「注意と説諭」をおこない、さらに警察署は校長元《ウォン》　明淳《ミョンスン》を呼び出して、児童を定数どおりに整理しなければ「断固たる処分により廃校させる」と警告したという。「同校百余学父兄たちは憤慨し」たという。こうした中で同校はやむをえず廃校を宣言し、七十余人が集まり郡庁に抗議に行ったという。そして、その後廃校となった(71)。

以上のように、一九三一年に二つの教育機関が当局によって弾圧された。いずれも「定員超過」を口実とするものであったが、実際には社会主義運動を警戒しての措置であろう。雄基の地域社会にとって、人口増加による教育機関の不足をどのように補うかが重大な課題であった。これに積極的にとりくんだのは、労働連合会であり、槿友会であった。面協議会や邑会議員となるような地域有力者の関わりは、この時点では確認できない。労働者や雑業層が増加する中で、雄基社会は大きく変動したが、そうした中で喫緊の課題となった教育を支えていくものとして、労働連合会や槿友会のとりくみが存在した。これらは下から地域社会をつくりあげていく動きといえよう。しかし、それらは当局による監視と弾圧の対象であった。

その後、教育機関の不足問題は、地域有力者の側が主導権を握る形で展開していく。一九三二年、邑会議員などの地域有力者を含む形で、雄基教育協会が設立され、私立学校の設立や普通学校の強化などを求める運動がおこなわれた[72]。一九三三年二月には寄付金二万五〇〇〇円を募集し普通学校を増築すると報道された[73]。これが、おそらく、先に見たように一九三七年時点における普通学校の定員増加につながったのであろう。こうした動きは、地域の大多数の人びとを完全に無視しては、地域支配を成り立たせることができないことを示している。ただし、少なくとも一九三六年時点では私立学校は設立されていなかった[74]。地域の人びとの教育に対する要求は、十分にとりあげられなかったといえるだろう。なにより、普通学校は同化教育の拠点であり、下からつくりあげられた教育機関とは性格が大きく異なっていた。

以上のように、下からの地域形成への動きは、労働運動や女性運動、そして、社会主義的な要素を持つ運動によって担われていた。しかし、それらの動きは当局から警戒され、弾圧された。その結果、朝鮮総督府の支配と結びついた地域有力者が主導権を握る形で、上から地域秩序が形成されることになった。

地域内部における支配とのたたかい

雄基においては下からの社会運動が展開され、人びとの生活を支える役割を果たしていた。これらの運動は植民地支配の矛盾である貧困問題を受けとめ、社会の広範な人びとを基盤として展開されていたと評価できるだろう。

この下からの社会運動は、二つのものと対抗していたと解釈できる。一つは、雄基において、朝鮮総督府の権力と結びついた地域有力者がつくりだそうとする地域秩序との対抗である。朝鮮総督府と結びついた日本人と一部の朝鮮人だけが利益を得て、大多数の朝鮮人は抑圧されるという矛盾に向き合っているのである。

もう一つは、当時の下からの運動の当事者が意識していたかどうかは別として、慶興郡内に新たに上からつくられた羅津港という「都市」との対抗である。羅津は、〈邑〉を継承した慶興郡の本来の発展の道筋に即してつくられた港や「都市」ではない。雄基こそが朝鮮人にとっての地域の中心であった。だからこそ、朝鮮人は雄基を中心として組織的な社会運動を広範に展開したのである。

このような地域内部の分裂は、雄基のような都市的な要素を持つ地域に限られたものではなかった。すでに若干言及したように、農村地帯でも、地域有力者を組み込んだ地方支配体制が朝鮮総督府によってつくられていたが、これと対峙して、農民組合運動が広範に展開していた。これは革命的農民組合運動と呼ばれている[75]。そこでは、社会主義の影響下で、植民地支配の矛盾を告発し、自らの生活と生存をまもるためにたたかいがおこなわれていた。

越境する抵抗

ここまで、羅津という「都市」に焦点を当てるだけでは不十分だとして、漁村としての羅津や、〈邑〉を継承した郡という視野で歴史を考える必要性を述べてきた。さらにここでは、国境を越えるダイナミックな動きを捉えてみたい。

先に述べたように慶興郡は中国・ロシアと国境を接し、一九世紀から国境を越えた人や物の移動が大変さかんな地域であった。こうした地域的特質は、植民地期においても形を変えながら維持される。残念ながら慶興郡だけでは史料が限定されるので、慶興郡を含む国境地帯の植民地期の様子を見ていきたい[76]。

まず朝鮮・中国の国境地帯である間島について、時期をさかのぼって検討しておこう（間島は朝鮮側の呼称であり、中国側では延辺という）。今日、中国領となっている間島は、前近代において、朝鮮・清国の双方から人の居住が禁止された地帯であり、所属不明の地域であった。間島をめぐる領土紛争は、一八八一年に清国が朝鮮政府に対して間島居住朝鮮人の強制退去を求め、領有権を主張したことからはじまっている[77]。間島には、居住禁止の政策にもかかわらず、朝鮮人の進出がおこなわれていたが、それは一九世紀半ばまでは本格的な移住ではなかった。人参の採集や砂金の採取などの一時的なものや、春から秋にかけてのみ豆満江《トゥマンガン》を越えて間島で農業をおこない、それ以外の時期は朝鮮に戻ってきて生活するというものであった。ただし、一九世紀後半になると両国の居住禁止の政策が緩み、両国人が間島における開墾に従事するようになった。特に、一八七〇年前後の朝鮮の咸鏡北道における大凶作に伴って、間島への移住が本格化したのであった。当時、朝鮮側には間島を事実上の朝鮮の領土と見なす認識が生じていたともいう[78]。一九〇二年に、朝鮮政府は間島に視察使として李範允《イボミュン》を派遣し、一九〇三年には李を辺界間島管理使に任命し、間島在住朝鮮人の管理を担当させることにした。これは清国側の反発を招いた[79]。

さらに、日露戦争とともに日本は朝鮮植民地化政策を本格化させたが、間島では李範允が日本への抵抗をおこなっていた[80]。日露戦争後の時期においても、豆満江を越える交易は活発におこなわれていた[81]。

また、越江による出稼ぎも継続した[82]。豆満江沿岸の朝鮮人は、豆満江を越えながら、自らの生活を維持していたのである。

その後、間島は朝鮮人の抵抗運動の拠点となっていき、日本側にとってはこの地域を掌握することが重要な課題となっていた。一九〇八年、間島在住朝鮮人の管理のために日本側は統監府間島臨時派出所を設置し、間島内に憲兵分遣所を置き、憲兵による治安維持体制を整えた。間島臨時派出所は戸口調査を実施し、戸籍簿も作成するなど、朝鮮人管理体制を整備した。清国側はこれに対して強く反発した[83]。

一九〇九年九月四日、「間島に関する日清協約」（以下、間島協約）が締結された。これは日清両国が間島の領土紛争について決着をつけたもので、豆満江を朝鮮・清国の国境線とし、日本政府は間島を清国領と認めるというものであった。すでに日本によって「保護国」とされていた朝鮮は、自らの領土について、交渉に参加する余地はなかったのである。領有権の確定に伴い、清国内に居住する朝鮮人は清国の法権に属することになった。日本側が間島を清国領と認めることの代償として、この協約を通じて吉会鉄道の敷設を清国側に認めさせた。吉会鉄道は、朝鮮の国境の町である会寧《フェリョン》と中国の吉林を結ぶものであり、日本によって軍事上重要視されていた路線構想であった（吉会鉄道は、一九三〇年代に、「満洲国」の「新京」と朝鮮東北部の羅津を結ぶ鉄道として実現することになる）。また、間島派出所は廃止するものの、これを受け継ぐ形で領事館を開設し、警察を常駐させることになった。これによって朝鮮人に対する一定の統制ができるようになった[84]。

なお、間島協約では、間島への朝鮮人の国境往来は全く自由とされ、旅券も必要とされなかった。また、間島で産出した米穀の輸出は全く自由とされた。間島在住の朝鮮人は、農民として居住し、米穀輸出などで朝鮮本国との関係を保っていた(85)。ただし、間島在住の朝鮮人には清式の薙髪易服《ちはつえきふく》が強要され、また、帰化朝鮮人でなければ土地所有を認めないことにより移住者に帰化の奨励をおこなっていた(86)。

さらに、植民地期に入ると没落した農民（→コラム4　一三三頁）が、多数間島へと渡るようになった。経済的理由だけではなく、日本の支配を逃れて、独立運動を展開するために間島へと移住する者もいた。「豆満江は冬期氷結の時は両岸の交通最も便利なり。夏期と雖《いえど》も減水の時は所々に徒渉し得べき個処あるも、概して渡船によりて両岸の交通を為せるが故に渡船場の数は甚だ多し(87)」といわれる。豆満江は、日本側にとって、管理しにくい国境線であった。日本側の官憲資料では、「警備を厳にせしと雖《いえども》、国境の延長は実に三百三十有里に亙り、冬季は河水急《す》ぐ氷結し、人馬容易に渉《わた》るべく、又減水期にありては往々徒渉の地点あり。之を以て彼等不逞《ふてい》の徒〔独立運動をする朝鮮人〕は、此等の時期を利用し侵入を為すこと容易にして〔後略〕」といわれるように、越境する人びとの動きは容易にはとめられなかった(88)。

また、朝鮮東北部の国境地帯には、朝鮮総督府が把握しきれなかった「密貿易」が広範に存在した。「国境に於ける密輸出入は非常に盛なるものにして、通関せる額の一割乃至五割と称せられ、諸説一致しない」といわれていた(89)。こうした「密貿易」は人びとの生活になくてはならないものだったと思われる。

人びとの越境は、独立運動を活性化することにもつながっていた。一九一九年の三・一運動の際、豆満江沿いの穏城《オンソン》郡では、次のように独立運動の様子が日本側によって確認されていた。

三月十九日夜管下穏城郡穏城邑各要所に、朝鮮独立宣言書七枚貼付したるものを発見せり。

三月二十日同郡永《ヨンク》瓦面上和《サンファ》洞の崔成巌《チェソンアム》宅に於て、曩《さき》に本道より配付せし朝鮮総督諭告の裏面に、朝鮮独立宣言書を謄写版にて印刷したるものを一枚発見せり。〔中略〕崔成巌の家宅捜索を行ひたるに白布を以て作りたる旧韓国旗一枚を発見し、警務官憲に於て之を没収せり。之は崔成巌の実弟某間島より来り、独立に関し談話し、前記旧韓国旗一枚を渡し、之を見本として作製する様依頼し、本月二十日間島に帰りたるものと判明せり。(90)

間島からやってきた崔成巌の実弟により、旧韓国旗(太極旗《テグッキ》)が持ち込まれ、それを見本として複製がなされたのである。間島との国境を越えた人的なつながりが独立運動の基盤となっていたことがわかる。

四月二九日付の咸鏡北道長官上林敬次郎の報告では、「四月三十日間島方面より約二千名韓国独立請願の為三三五五渡船し、当地に参集すべき趣、当地憲兵分隊長より情報に接したるを以て、之が対応策として、左記の通、打合置きたり」として、鎮圧手段などの対応策を検討している。(91) その後、豆満江を越えての二〇〇〇人規模の運動の発生については、管見の限り史料上からは確認できていない。だが、日本側がこのような情報をつかみ、警戒していたという事実が重要であろう。

また、上林は五月のはじめに、「豆満江の例年よりも早く解氷し間島方面との交通不便となりたると共に、騒擾防制上に大なる効果ありたり」と述べていた。豆満江上の人びとの往来が、運動を拡大させる役割を果たしていたのである。(92)

こうした中で、豆満江の渡し場では取締りが強化されていた。「豆満江各渡船場に於ては憲兵と守備兵と相協力し、又は其の各《おのおの》が受持を定めて監視に任じ、何れも渡船の時間を限定し夜間の交通を禁ぜるも、守備兵をして監視せしむる箇所に在りては派遣交代等の関係より午前に二時間、午後に二時間と云ふが如き制限を為せるものありて、一般の交通上に甚だしき不便を感ぜしめ」ることになった[93]。取調べは「常時往来者以外の旅行者に付ては証明書の検閲は勿論、厳重なる身体検査を行ふ」というものであった[94]。

日本側は間島を独立運動の拠点として、これを弾圧するため、一九二〇年に間島に出兵し朝鮮人虐殺をおこなった。だがその後も、国境を越えて抵抗運動が朝鮮内に入り込んでくる事件が多発していった。以上のような独立運動の展開を踏まえ、一九三〇年代の羅津港建設の歴史的意味について、あらためて考えてみたい。羅津港は、日本の満洲支配を軍事的に支えるために建設されたものであった。そして、日本側が満洲支配を目指したのは、満洲が朝鮮人の独立運動の拠点となっていたことと無関係ではない。朝鮮植民地支配と満洲侵略は地続きなのである。したがって、羅津港の建設には、豆満江を越えて展開された朝鮮独立運動を押さえ込むための基盤を整備するという目的があったといってよいだろう。羅津港建設の歴史を、羅津の「都市」に限定することなく、国境を越えた抵抗運動との対抗関係の中で捉える必要性が、ここにあるのである。

下からのエネルギーの行方

ここまで、慶興郡を中心として、羅津港建設事業の「むこう側」にある朝鮮人の動きに注目してきた。羅津において漁業を通じて自らの生活を維持しようとする人びとの姿、さらには雄基において貧困者の視点に立って社会運動を繰り広げた姿などが浮かび上がってきた。こうした動きが、国境を越える人びとによって支えられていたことも想起する必要がある。

重要なことは、下からの社会運動が、朝鮮総督府による支配体制や、それに朝鮮人の一部が協力する状況に対峙して取り組まれていたことである。朝鮮人の大多数は植民地支配の矛盾と向き合いながら、自分たちの社会をつくりだすための活動を続けていたのである。

こうした人びとの実践は、慶興郡に限ったことではない。

近代の日本は、朝鮮の民族自決権を踏みにじり、朝鮮の自主的な民族国家の形成を阻んだ。朝鮮全国の一つ一つの村を、徹底的におさえつけた。そうした中で朝鮮人は自らの生活と生存のため、植民地支配と対峙し、さまざまな実践を繰り広げてきた。本書では、日本軍に踏みにじられ基地が強制的に建設された地域、同化政策が徹底的に実施された地域、強権的に工場が建設され性買売の拡大や公害までもが引き起こされた地域、収奪により疲弊させられ棄民政策の対象となった農村の地域、港湾都市を無理矢理に建設された地域などをとりあげた。そのうえで、そうした抑圧に対して、人びとがどのように対応したのか、そして、いかにして矛盾を克服しようとしたのかを見てきた。それらは、新しい社会の建設へとつながっていく内容を持つものだった。

一九四五年八月、朝鮮は日本の植民地支配から解放された。この直後から、各地域で新しい朝鮮を建国するための動きがはじまる。建国準備委員会などの名称で各地でさまざまな動きがあった。こうした広範な人びとの動きは、植民地支配の下で、下からの運動を支えた人びとによってなされた。そして、九月には呂《ヨ》運亨《ウニョン》らによって朝鮮人民共和国の建国が宣言される。ところが、これを米軍政は否認し、南朝鮮では各地に形成されていた人民委員会も弾圧されていくことになるのである[95]。植民地期につちかわれた下からのエネルギーはまたも抑圧され、一九四八年には分断国家が形成される。そして、朝鮮半島は内戦状態に陥り、一九五〇年に勃発した全面戦争によって、朝鮮全土が焼け野原と化したのである。

おわりに

「豚殺し」の歌

一九六〇年前後のある日、山梨県都留市谷村《やむら》で、小学生たちが集まって遊んでいた。だれかがみなに呼びかけた。

「豚殺し、やろうぜ！」

「豚殺し」とは実に物騒な言葉である。そして、次のような歌を歌いながら、ゲームがはじまった。

朝鮮の山奥で
たしかに聞こえる豚の声
一匹ブー　二匹ブー　三匹ブー
みんなそろってブーブーブー

「豚殺し」とは、ドッヂボールのことであった。逃げ回る相手めがけて、「一匹ブー」と「豚」を「殺し」ていくのである。

この歌と遊びには、明らかに朝鮮での虐殺の経験が刻まれている。本書でとりあげたように一九一九年の三・一運動に対して、日本は憲兵・警察・軍を出動させて弾圧し、その中で多くの朝鮮人が虐殺された（→コラム1　二七頁）。続いて、一九二〇年に日本軍は間島においても朝鮮人虐殺を引き起こした（→第五章　一七六頁）。本書では言及できなかったが、日本軍による朝鮮人虐殺は「韓国併合」以後に限られたことではない。一八九四年の日清戦争の際にも、日本軍による朝鮮人虐殺があった。日清戦争は朝鮮支配を目的とした戦争であり、朝鮮を戦場とした戦争であったが、朝鮮農民がこれへの抵抗を繰り広げた。朝鮮の農民軍はゲリラ戦法も活用した。日本軍はこれを厳しく弾圧し、三万人以上の朝鮮人が虐殺された(1)。日露戦争以降、朝鮮植民地化政策が本格化すると、日本の侵略に抗して義兵運動が闘われた。義兵とは、国家の危機に際して自発的に立ち上がる人びとのことを指す。義兵は住民の協力を得ながら、地の利を活かしたことによって粘り強い抵抗が可能となった。日本軍は義兵運動に対しても苛烈な虐殺をおこなった。このような歴史的経緯を踏まえれば、「たしかに聞こえる豚の声」とは、「山奥」にひそんでいる抗日朝鮮人を思わせる。

「豚殺し」の話は、私の父（一九五三年生まれ）から聞いたものである。当時、父は「ドッヂボール」という言葉は知らなかったという。「豚殺し」という名前の遊びだったのである。そして、「朝鮮」という言葉は記号でしかなく、国の名前だということは知らなかったという。朝鮮とは、子どもたちにとって、殺してもよい「豚」がいる場所でしかなかった(2)。

子どもが自らこのような遊びと歌を思いつくはずはない。大人の言動が反映されたものだろう。朝鮮侵略に直接加担した大人だろうか。あるいは、日本社会に蔓延する朝鮮に対する差別意識がこのような歌を生み出したのか。

この話を大学の授業でしたところ、五〇～七〇代の複数の受講生から、同じような歌を子どもの頃に歌っていたとの発言があった。受講生には関西で生まれ育った人もおり、このような歌は日本各地に存在したようである。ただし、ドッヂボールではなく、縄跳びだったという話もあった。さらには、歌詞の「たしかに」が「かすかに」だったとか、朝鮮ではなく満洲だったという話もあった。「豚殺し」という露骨な表現は他の地域では確認できなかったが、いずれにしても朝鮮に対する差別意識が濃厚な歌である。

いったいどうしてこの歌が広まったのか。しかも、何も知らない子どもたちに。この話を聞いた五〇～七〇代の方々は、みなハッとした顔をしていた。記憶の中に埋もれていたけれど、そういえばたしかにそういう歌があった。今日まで忘れていた。思い返してみると、ゾッとするような歌である。そんなふうに語っていた。

この歌は、日本社会の朝鮮差別の根深さを象徴している。日本の敗戦から二〇年近くが経とうとしていた時代、朝鮮人を下に見て、虐殺を連想させるような歌が小さな村で歌われていたのである。朝鮮人差別、そして朝鮮人虐殺を当然視する思想が地域に根ざしていたからこそ、この歌は子どもたちによって歌われたのである。

「豚殺し」の歌は、日本の一つ一つの村にとって朝鮮侵略の歴史とはなんだったのか、という問いを投げかける。日本の村の歴史は、決して朝鮮侵略と無縁ではなかったということを、この歌が示しているからである。

加えて、この歌が示す、朝鮮に対する乏しいイメージも気になる。「山奥」という言葉からは「未開」

な地域イメージが感じ取られる。実際、子どもたちは「朝鮮」がなにかも知らず、「豚」がひそんでいるような場所としてイメージしていただろう。

この歌は今、日本社会から表面上は消え去っている。(3) だが、朝鮮人に対する差別、また虐殺や侵略・植民地支配を正当化する思想は、決して過去のものになっていない。

本書では、朝鮮の一つ一つの村々の側から歴史を見ることにこだわってきた。「豚殺し」の歌を踏まえていえば、「山奥」「豚」という程度にしか見られていなかった朝鮮の側の歴史に対する認識を深め、そこから侵略や暴力の実態をより明らかにしようということがねらいであった。

「豚殺し」という遊びが定着していた日本のある村へ、「豚殺し」の現場であった朝鮮の村をつなぐこと。日本社会の歴史認識を問い直していくうえで、このようなとりくみが求められているのではないだろうか。

その際に、どこまで具体的に朝鮮の村をイメージできるのかが重要である。日本社会の側は自らの足下の歴史にこだわりながら、同時に他者の足下への想像力をつちかう必要がある。日本の村へ朝鮮の村をつなげ、日本人の足下を考える際に朝鮮人の足下に対する想像を働かせる努力が必要なのである。

分かちがたく結びついた歴史

「豚殺し」の歌は、日本の近現代史を語る際に、朝鮮侵略の問題を外してはならないことを示唆している。日本の近現代史と朝鮮侵略問題の結びつきは、本書においてさまざまな形でとりあげた。

たとえば、「裏日本」脱却を目指そうとした新潟側の動きは、日本の帝国主義の拡大と分かちがたく結びついていた。新潟の人びとの「発展」の希望と見なされた新ルートの通過点とされた羅津では、地域社会の破壊が進行していた。

近代日本の公害問題の「改善」は、植民地への「公害輸出」を伴っていた。植民地を犠牲にすることで得られた「発展」とは何か。近代日本の公害克服の歴史を単線的に描いていたのでは、見過ごされることがあるのである。

このことは水俣病問題や原発事故の問題を考える際にも、近現代の日本がなにを犠牲にしてきたのか、という問題を常に見ようとしなければならないことを示唆している。

日本の近現代史を、侵略と植民地支配の問題を決して外せない重要な要素として組み込んだ上で、検討する必要がある。植民地問題は決して、日本史に単に追加されればよい問題ではない。日本史を語る上で必要不可欠な要素なのである。

村々を想起すること

本書では、水俣病が引き起こされる前提として、朝鮮植民地支配の暴力性の問題を見てきた。こうした視点は、かつての水俣病をめぐる評論の中でも、とりあげられてきたものであった。たとえば、石牟礼道子の水俣病問題に関するルポルタージュ『苦海浄土』は、朝鮮支配と水俣病を関連づけた上で、朝鮮で失われた村々への思いを次のように記す。

朝鮮咸鏡南道《ハムギョンナムド》咸興《ハムン》郡雲田《ウンジョン》面湖南《ホナム》里、という海辺の部落が〔チッソによって〕消失したことはたしかである。数々の湖南里の里が朝鮮でうしなわれ、そこにいた人びとの民族的呪詛が死に替わり死に替わりして生きつづけていることをわたくしは数多く知っている。この国の炭鉱や、強制収容所やヒロシマやナガサキなどで。この列島の骨の、結節点の病いの中に。そのような病いはまた、生まれてくるわたくしの年月の中にある(4)。

石牟礼は戦後に水俣病を引き起こしたチッソを問う中で、チッソが敗戦前に朝鮮で工場建設などにより海辺の里を消失させていた歴史に気がつき、そのことを朝鮮人強制連行の歴史や被爆させられた朝鮮人の歴史を想起しながら、語っているのである。水俣病を問い直す中で、植民地支配の問題が視野に入ってきていたのである。

石牟礼の文章で、私がここで注目したいのは「数々の湖南里の里」との表現である。日本の植民地支配が、「数々の湖南里の里」を消失させてきたということへの想像力は重要である。

しかし、そうした抽象的な次元にとどまってしまっていいのだろうか。「数々の湖南里の里」の具体像を、明らかにする必要あるのではないか。本書を執筆した理由の一つは、この石牟礼の問題提起をさらに深めたいということであった。

永興《ヨンフン》湾などの漁村が消失させられた歴史を知ったときに、私は、もう一つの「湖南里」に出会ったという思いだった。日本国家がかつて植民地支配の中で消失させた数々の里の歴史は、日本社会においてほとんど認識されていないのではないか。数々の里の一つ一つに分け入りながら、歴史を見通していくことが必要ではないだろうか。

本書を通じて明らかにしたように、この問いは、里の消失というレベルだけではなく、さらに広げて考えてみる必要があるだろう。この港の建設にかかわった人はだれだったのか。労働者はどこから連れてこられたのか。港の建設によって人びとの生活はどのような変化を強いられたのか。その労働者の待遇はどうだったのか。過酷な環境で生きるとは、どういうことだったのか。

水俣病を考えることは、朝鮮支配の問題を支配された側から考えようとする営みに、つなげられなければならない。

被害を問い直す

日本と朝鮮の間で「歴史認識問題」といえば、日本軍「慰安婦」問題や強制連行など、主として「十五年戦争」への動員の問題が議論の中心になる。これらは大変重要な問題であるが、(5) 本書の内容を踏まえれば、それは氷山の一角に過ぎないということが理解されるのではないだろうか。右で見た里の消失という問題は、日本の植民地支配の加害責任を問う議論の中でどこまで意識されてきただろうか。

戦争に直接動員されることが被害のすべてではない。強権的に村を破壊されること、差別待遇の中で土木工事に労働させられること、故郷から離れざるを得ない状況をつくりだされること。枚挙に暇がない。

日本社会の側の時間感覚も、見直す必要がある。「十五年戦争」のはじまりである「満洲事変」は、朝鮮植民地支配に影響を与えなかったわけではないが、朝鮮人の生活の視点から見たときに、決定的な区分とまではいえない。「十五年戦争」という枠では、決して切り取ることができない被害の広がりがあるのである。一九三一年より前にさまざまな被害があったことは、本書で見たとおりである。[6]
また、「韓国併合」がおこなわれた一九一〇年は、朝鮮近現代史にとっても日本近現代史にとっても極めて重要な画期であることは間違いない。しかし、一九一〇年という区切りを重視しすぎては、見えてこないことがある。
「韓国併合」よりも前の段階で、踏みにじられ軍事基地化された永興湾や龍山《ヨンサン》の人びとの被害は、日本社会では忘れ去られてきた。また、本章の冒頭で触れたように、日本の朝鮮侵略に抗する農民軍や義兵を日本側は徹底的に弾圧し、虐殺した。
一つの国家を強圧と暴力によって消滅させ、民族の尊厳を踏みにじったうえに、長年にわたって支配し続け、人権を蹂躙した日本の行為は、重大な国家犯罪である。侵略戦争と植民地支配の被害を問い直す作業は、容易に終わることのない実践にならざるをえない。

朝鮮人側にとっての世界

ここまで、どちらかといえば、日本側にとっての侵略の意味について述べてきた。だが、日本側を主語として歴史を語るだけでは、限界がある。そうした見方では、侵略や植民地支配の経験が朝鮮人にとってどのようなものだったのかということを、十分に理解することもできないだろう。

この点に関連して、第二章でとりあげた「日の丸」の事例からは、多くのことを考えることができる。日本側は朝鮮人に「日の丸」の掲揚を強制した。まず、この暴力性を見つめる必要がある。ただし、「日の丸」は、朝鮮社会に浸透していなかったことも考える必要がある。「日の丸」を掲げさせようとしても、申し訳的に急いで紙に描いた「日の丸」が掲げられるといった状況があり、日本側は不満を抱いていた。配布された紙製の「日の丸」は、ときに打ち破られた。日本は、朝鮮人の生きた空間をすべて支配しきることはできなかったのである。平壌の空の下に「日の丸」がはためいたとしても、朝鮮人側は抵抗を繰り広げた。

こうした点は、「日の丸」をめぐる問題に限ったものではない。本書でとりあげた日本の侵略政策や強権的な政策は、地域社会に大きな被害を与えたが、一方で地域社会を日本側がなにもかも思い通りにできたわけではない。たとえば、羅津が空き地だらけとなったことは、日本の支配政策が朝鮮社会のすべてを管理しきることができなかったことを示している。

また、日本側がおこなった港湾都市建設の「むこう側」にあった朝鮮人の世界の存在に目をこらす必要がある。朝鮮東北部は、日本側にとってみれば満洲への通過点に過ぎなかった。日本側が立案した政策、新潟の人びとの構想にはそうした発想が染みついている。しかし、朝鮮東北部の人びとにとって、そこに広がる世界は決してそのようなものではなかった。まず、羅津の港湾都市建設は日本側が一方的におこなったものであり、もとから暮らしていた朝鮮人にとっての羅津は「漁村としての羅津」であった。また、羅津港建設の際に日本側が重視した新安《シンアン》面や羅津府といった単位は、日本側が一方的につくりだしたものに過ぎなかった。朝鮮人にとっては慶興《キョンフン》郡という単位こそが重要であり、港としても羅津港ではなく雄基《ウンギ》港が重要であった。

こうした朝鮮人にとっての世界は、国境をもまたぐ。朝鮮東北部は、中国やロシアとの間で国境を越える人や物の移動がさかんであり、人びとの生活に越境は必要不可欠であった。

国境を越えた人や物の移動といったときに、私は梶村秀樹が在日朝鮮人の実態を踏まえて提起した「国境をまたぐ生活圏」の議論を想起する。(7) これは日本の植民地支配による「国境をこえた農民層分解」を経て、日本での生活を余儀なくされた朝鮮人がなお朝鮮本国との紐帯を保っていることを念頭に置いた議論である。豆満江《トゥマンガン》をまたぐ地域にも、たしかに国境を越える形での生活圏が存在したのである。

また、朝鮮東北部と国境を接する中国東北部やソ連の側は民族解放運動の拠点ともなっており、これと連動する形で朝鮮東北部内でも民族解放の闘争がおこなわれた。こうした動きは、国境を越える朝鮮東北部の人びとの生活圏と無関係ではないだろう。

民族解放運動は、さまざまな地域で展開された。そして、そこでは社会主義の影響力も強く作用していたのである。本書では、雄基地域で展開された社会主義的な要素を含む運動をとりあげた。また、各地で一九三〇年代には社会主義的な農民運動が展開され、日本の支配を揺るがし続けた。

植民地期の民族解放運動は解放後の民族国家建設につながっていく。朝鮮人側にとって、植民地支配からの解放と植民地解放後の民族国家建設は地続きの課題であった。日本側から見ていると、日本との対抗関係ばかりに目が行ってしまうが、朝鮮人はどのように新たな社会・国家をつくりだそうと実践を繰り広げていたのかを考える必要がある。そうした視点から近現代の朝鮮の歴史を見てこそ、朝鮮人にとっての世界を理解することができるだろう。

足下からの世界史を目指して

本書が目指したのは、足下から歴史を考えるということだった。そこに込めた意味の一つは、朝鮮侵略の歴史を正面から認識することができず、また朝鮮人差別が根強い日本社会という現場において、足下から考えるということである。

もう一つは、他者にとっての足下を想像してみるということである。すなわち、朝鮮人にとっての世界を朝鮮人の足下から考えようとすることである。それは、たとえば羅津という小さな漁村にこだわって歴史を見るという形で試みた。

ただし、どちらの場合も足下だけに視点を固定していればよいということではない。足下「から」世界史を考えるということが必要なのである。

「豚殺し」の歌から、アジアとの関係、世界史を想起していくということ。新潟などの「裏日本」地域側の動きを、帝国主義との関係から考えること。

小さな漁村の歴史にこだわりながらも、そこから日本軍や満鉄をはじめとした国策会社などの動きをも見通し、またロシア・中国との関係へと視点を広げ、世界史を読み解いていくこと。

杉原達は、かつて「地域からの世界史」を提唱した(8)。大阪と済州島《チェジュド》の間の人の移動と交流に注目することで、大阪・今里から世界史を構想している。つまり、大阪の地域社会の中からアジアとの関わり、帝国主義との関わりを見出し、歴史を見る視点である。

私は、杉原の問題提起をさらに発展させられないかと考えた。日本側からということであれば、たとえば水俣からの世界史、新潟からの世界史である。そして、朝鮮側の地域社会から、世界史を構想する方法をも模索したいと考えた。羅津や興南《フンナム》、永興などの歴史は、その試みであった。

日本と朝鮮の近現代史はともすれば国家と国家の関係というところに議論が集中する。それは絶対に外せない要素であるが、そうした国家と国家の問題をよりミクロな視点から、同時に世界史へと開かれた形で議論すること。そうしたことが、日本の朝鮮侵略と植民地支配の歴史を考えていくうえで、必要なのではないかと考えている。

今、日本では韓国や朝鮮民主主義人民共和国への攻撃的な言辞が社会を席巻している。日本社会に決定的に欠けているのは、植民地支配の被害への想像力と、朝鮮人の主体的な営為を理解しようとする姿勢である。植民地支配の中で朝鮮人がどのような状況に置かれたのか、そして、そうした困難に直面する中で朝鮮人が足下からどのように行動したのかを捉えることが必要である。そのような作業を通じて、植民地支配認識や朝鮮認識を問い直していくことが日本社会の課題である。本書がその一助となれば幸いである。

注

●はじめに

(1) 加藤圭木監修、一橋大学社会学部加藤圭木ゼミナール編『「日韓」のモヤモヤと大学生のわたし』大月書店、二〇二一年。この本は大学生がつくった「日韓」問題の入門書である。日本と韓国、日本と朝鮮半島に関して、日本の若者や市民が抱きがちな疑問や違和感をとりあげて歴史的背景を解説するとともに、今を生きる自分たちが歴史問題とどのように向き合っていくのかについて自らの体験を踏まえてまとめたものである。

●第一章

(1) 『毎日申報』一九一五年五月七日付。
(2) 『毎日申報』一九一六年三月八日付。
(3) 『釜山日報』一九一八年四月一三日付。
(4) 『毎日申報』一九一五年五月七日付、一九一六年三月八日付。
(5) 『咸南名鑑』元山毎日新聞社、一九四〇年、「元山」の項の一五六頁。
(6) 『釜山日報』一九一八年四月一三日付。
(7) 横山喜太郎ほか「請願書」(外務大臣小村寿太郎宛、一九〇五年三月二〇日付)「損害要償関係雑纂」分割1。JACAR(アジア歴史資料センター)Ref.B09072811900、『日露戦役個人損害関係法律並ニ勅令ニ基ク救恤金関係雑件』第二十二巻(5-2-17-0-21_023)(外務省外交史料館)、七画像目。
(8) なお、『東亜日報』一九二一年六月一四日付は、横山喜太郎の兄弟と思われる横山虎一(『釜山日報』一九一八年四月一三日付に永興湾でカキ事業をおこなう「横山兄弟」との表現がある)によるカキ漁場の独占について報じている。虎一は、虎島半島の一部である猪島《チョド》において漁場を独占し、二〇〇〇人の漁民を「奴隷」にしたと報じられている。また、横山は「官力」の保護を受けているとされ、住民の抵抗が弾圧される過程で、二人の死者、二〇人を超える懲役者が出ていたという。記事は、横山一人のために、なぜ二〇〇〇人あまりの住民が犠牲とならなければならないのかと批判している。

(9) 「自明治39年至同45年　鎮海永興関係書類　27(8)」JACAR:Ref.C08020199300、『明治45年～大正1年　公文備考巻144　土木52　鎮海永興関係書類27』(防衛省防衛研究所)、二一～二六画像目。

(10) 本章の永興湾における軍事基地建設に関する記述は、拙稿「日露戦争以降の朝鮮における軍事基地建設と地域――永興湾を対象として」『一橋社会科学』第五巻、二〇一三年を加筆・修正したものである。特に出典を示していない場合は、これに基づいて記述している。また、日露戦争の記述においては、拙稿「日露戦争下における朝鮮東北部の「軍政」」『一橋社会科学』第八巻、二〇一六年も一部参照している。

(11) ＊「咸鏡南北道来去案」第二冊、大韓民国国史編纂委員会編『各司謄録』四二巻、一九九〇年、七一四頁。意訳した。

(12) 同右、七一四～七一五頁。意訳した。

(13) 同右、七一五頁。意訳した。

(14) 糟谷憲一「「韓国併合」一〇〇年と朝鮮近代史」『朝鮮学報』第二一九号、二〇一一年、一八～一九頁。

(15) 和田春樹『日露戦争――起源と開戦』下巻、二〇一〇年、三〇二頁。金文子『日露戦争と大韓帝国――日露開戦の「定説」をくつがえす』高文研、二〇一四年、三二七頁。金文子は、二月六日の鎮海湾・馬山電信局占領について、「局外中立を宣言していた大韓帝国に対する明白な侵略戦争であり、開戦後いちはやくソウルを軍事占領した日本軍によって、二月二三日に韓国に不法に強要された「日韓議定書」によっても、決して合理化しえないものであった」とする。

(16) 外務省編『日本外交文書』第三七巻第一冊、三四五～三四六頁。

(17) 同右。

(18) 同右、三五一～三五六頁。

(19) 参謀本部『明治卅七八年日露戦史』十巻、偕行社、一九一四年、三七六～三七七・三八三頁。

(20) ＊ソン・ジョン「露日戦争以降日帝の軍用地収用と韓国民の抵抗――ソウル(龍山)、平壌、義州を中心に」『梨大史苑』第三〇号、一九九七年、六六頁。

(21) なお、②の軍用鉄道用地については、韓国の歴史研究者・鄭在貞の著書が日本語に翻訳されている（『帝国日本の植民地支配と韓国鉄道』明石書店、二〇〇八年）。また、④の鎮海湾については、竹国友康『ある日韓歴史の旅——鎮海の桜』朝日選書、一九九九年、橋谷弘「要港部都市・植民地都市としての鎮海」坂根嘉弘編『軍港都市史研究6　要港部編』清文堂出版、二〇一六年などがとりあげている。

(22) この問題についての記述は、君島和彦「日露戦争下朝鮮における土地略奪計画とその反対闘争」旗田巍先生古稀記念会編『朝鮮歴史論集 上』龍渓書舎、一九七九年を参考にした。また、*尹炳奭「日本人の荒蕪地開拓権要求について——1904年の長森名義の委任契約企図を中心に」『歴史学報』第二二号、一九六四年。

(23) [長森　請願　荒蕪地原野山林開墾案　認准慫慂　件]一九〇四年六月六日、『駐韓日本公使館記録』第二二巻、韓国史データベース http://db.history.go.kr/item/level.do?levelId=jh_022_0020_0110（二〇二一年三月二八日アクセス）。[　]内のタイトルは、史料集の編纂者がつけたものである。

(24) 松宮春一郎『最近の韓国——日露戦争中に於ける韓国の諸問題』早稲田大学出版部、一九〇五年、七二頁。

(25) 同右、七七頁。

(26) 同右、七九頁。

(27) *高麗大学校亜細亜問題研究所旧韓国外交文書編纂委員会編『旧韓国外交文書』第七巻（日案七）、二二六頁。以下、『旧韓国外交文書』七と記す。

(28) 『旧韓国外交文書』七、二四五頁。

(29) *黄玹『梅泉野録』大韓民国文教部国史編纂委員会、探求堂、一九七一年、三一五頁。原文は漢文。

(30) 『旧韓国外交文書』七、二七〇頁。『皇城新聞』一九〇四年八月一九日付。

(31) 『旧韓国外交文書』七、二七〇頁。『皇城新聞』一九〇四年八月一九日付。

(32) 前掲黄玹『梅泉野録』三一四頁。

(33) 『旧韓国外交文書』七、二七七頁。

(34) 同右、二九一～二九二頁。
(35) 前掲ソン・ジヨン「露日戦争以降日帝の軍用地収用と韓国民の抵抗」七四～七六頁。
(36) ＊金允植『続陰晴史』下、大韓民国文教部国史編纂委員会、探求社、一九七一年、一四九～一五〇頁、一九〇五年八月一九日条。原文は漢文。
(37) 前掲ソン・ジヨン「露日戦争以降日帝の軍用地収用と韓国民の抵抗」八一頁。新町遊廓の土地買収については、金富子・金栄『植民地遊廓――日本の軍隊と朝鮮半島』吉川弘文館、二〇一八年、五二～五三頁も参照。
(38) 菊田眞「新町遊廓の創設」『居留民之昔物語』一九二七年、一四一頁。
(39) 浄法寺朝美『日本築城史――近代の沿岸築城と要塞』原書房、一九七一年、二八七頁。ただし、大本営「永興湾要塞防禦要領書」（千代田資料六二六―二、防衛省防衛研究所所蔵）の作成時期は一九〇五年四月である。なお、戦時中のためだと考えられるが、官報において要塞司令部の設置に関する記載はなかった。
(40) 「第一編 防備／第六章 前進根拠地の防備」JACAR:Ref.C05110105200、「極秘 明治三七・八年海戦史 第四部 防備及ひ運輸通信 巻二二」（防衛省防衛研究所）、一三〇画像目。一九〇七年一〇月一日には、永興防備隊が設置されているが、元山防備隊を改組したものであろう（「軍令第一号 防備隊條令」大蔵省印刷局『官報』七二七八号、一九〇七年一〇月一日、二頁）。
(41) 『朝鮮駐劄軍歴史』（金正明編『日韓外交資料集成』別冊一、巌南堂書店、一九六七年所収）一八八～一九〇頁。
(42) 「自明治三九年同至四五年 鎮海永興関係書類 四(二)」JACAR:Ref.C08020170200、『大正元年 公文備考 土木二九 鎮海永興関係書類 四 巻一二二』（防衛省防衛研究所）。
(43) 大韓帝国『官報』一九〇六年八月二七日。
(44) JACAR:Ref.A03020876700、「御署名原本・明治四十三年・勅令第四百五十四号・朝鮮咸鏡南道永興ヲ要港ト為シ其境域ヲ定ムル件」（国立公文書館）。
(45) 前掲「咸鏡南北道来去案」第二冊、七四〇頁。
(46) 前掲拙稿「日露戦争以降の朝鮮における軍事基地建設と地域」参照。

(47) JACAR:Ref.C08020198600、『自明治39年至同45年 鎮海永興関係書類 27(1)』(防衛省防衛研究所)所収。
(48) 「自明治39年至同45年 鎮海永興関係書類 27(2)」JACAR:Ref.C08020198700、『明治45年〜大正1年 公文備考 巻144 土木52 鎮海永興関係書類27』(防衛省防衛研究所)、四九画像目。
(49) 同右、五一〜五五画像目。
(50) 同右、四九画像目。
(51) 太田原は、押収では足りない場合は、連帯保証人を拘束するなどの措置をとったと指摘するが、横見はこれを否定しているので真偽不明である。ただし横見は一方的に「連帯保証人」を指定し、押収したことについては否定していないので、これは事実であるといえる。
(52) たとえば、『朝鮮新聞』一九三〇年一一月二七日付。
(53) 『東亜日報』一九三一年五月三一日付。
(54) 本コラムは、拙稿「3・1独立運動の歴史的、今日的意義を探る」『週刊金曜日』第二七巻第四号、二〇一九年二月の一部を、加筆・修正したものである。本コラムの歴史的事実に関しては、特に注記しない限りは武田幸男編『朝鮮史』山川出版社、二〇〇〇年、朴慶植『朝鮮三・一独立運動』平凡社、一九八七年、長田彰文「朝鮮三・一運動の展開と日本による鎮圧の実態について――日米の史料に依拠して」『上智史学』第四七号、二〇〇二年、＊ホ・ヨンラン「三・一運動のネットワークと組織、多元的連帯」『史学研究』第一三二号、二〇一八年一二月などを参照した。
(55) 「朝鮮独立運動に関する件」JACAR:Ref.C06031080400、『大正8年乃至同10年共7冊其1 朝鮮騒擾事件関書類』(密受号其他) 陸軍省(防衛省防衛研究所)。
(56) 姜徳相編『現代史資料25 朝鮮』みすず書房、一九六六年、一〇五頁。
(57) 同右、一〇六頁。
(58) ＊池秀傑「3・1運動の歴史的意義と今日の教訓」『3・1民族解放運動研究』青年社、一九八九年。
(59) 前掲『現代史資料25』二〇一頁。
(60) 富田晶子「三・一運動と日本帝国主義」鹿野政直ほか編『近代日本の統合と抵抗3』日本評論社、一九八二年。

(61) 前掲池秀傑「3・1運動の歴史的意義と今日の教訓」。

●第二章

(1) 以下、本項の内容は拙稿「当時、「朝鮮人は日本人」だったから平等だった?」日本軍「慰安婦」問題webサイト制作委員会編/金富子・板垣竜太責任編集『増補版 Q&A朝鮮人「慰安婦」と植民地支配責任』御茶の水書房、二〇一八年を加筆・修正したものである。

(2) 『朝鮮総督府官報』一九一〇年八月二九日号外。

(3) 同右。

(4) 『朝鮮総督府官報』一九一九年七月一日付号外。

(5) 以上、糟谷憲一「朝鮮総督府の文化政治」大江志乃夫ほか編『岩波講座 近代日本と植民地2 帝国統治の構造』岩波書店、一九九二年、参照。

(6) 衆議院議員選挙法が植民地には施行されていなかった。したがって、朝鮮在住の朝鮮人・日本人には選挙権がなかった。植民地支配末期にいたって、衆議院議員選挙法が植民地に施行されることになったが、日本本国では男子普通選挙であったのに対して、植民地では直接国税一五円以上を納める男子に限られた。この制度も実施されることのないまま、朝鮮は解放を迎えた。なお、貴族院にはごくわずかな数の朝鮮人勅選議員がいた。

(7) 一九一一年施行の第一次朝鮮教育令は、朝鮮における朝鮮人教育を定めたものであったが、教育勅語に基づき「忠良なる国民」=天皇の臣民を育成することが目指された。この中で朝鮮人用の学校として「普通学校」などが規定された。一九二二年施行の第二次朝鮮教育令では、朝鮮在住日本人は「国語(日本語)を常用する者」として小学校が、朝鮮人は「国語を常用せざる者」として「普通学校」が割り当てられた。なお、ごく少数であるが、朝鮮人が日本人学校に、日本人が朝鮮人学校に入学する場合があった。

(8) 金富子『継続する植民地主義とジェンダー――「国民」概念・女性の身体・記憶と責任』世織書房、二〇一一年、第二章。第一次朝鮮教育令の時期には、普通学校は四年制とされ、地域の事情によっては一年短縮可とされた。第二次朝鮮教育令で修業年限は日本人学校に近づけられたが、依然として短縮される場合もあった。
(9) 糟谷憲一『朝鮮半島を日本が領土とした時代』新日本出版社、二〇二〇年、一四五頁。
(10) 一九一六年に改正された「国籍法」は、国籍離脱を認めるようになった。しかし、「国籍法」は「内地」・台湾・樺太には施行されたが、朝鮮には施行されなかった。
(11) 日本人の公務員などには「外地手当」という上乗せの俸給などがあった。一般社会においても、朝鮮人の給与が低く設定されたが、公務員における給与格差がこれを正当化する要因ともなった。
(12) たとえば、結社・集会の取締りをおこなう法令としては、朝鮮在住の朝鮮人に「保安法」、日本人に「保安規則」が適用された。後者よりも前者の方が罰則規定が厳しかったのである。
(13) 鄭栄桓「在日朝鮮人の世界」趙景達編『植民地朝鮮』東京堂出版、二〇一一年。
(14) 以上の差別の実態については、前掲金富子『継続する植民地主義とジェンダー』第一章、板垣竜太「日本人と朝鮮人は平等だったか」田中宏・板垣竜太『日韓 新たなはじまりのための20章』岩波書店、二〇〇七年、水野直樹・藤永壯・駒込武『日本の植民地支配――肯定・賛美論を検証する』岩波ブックレット、二〇〇一年、前掲糟谷憲一『朝鮮半島を日本が領土とした時代』などを参照。
(15) 本項以下の内容の一部は、すでに拙稿「「明治150年」と朝鮮」日本史研究会・歴史科学協議会・歴史学研究会・歴史教育者協議会編『創られた明治、創られる明治――「明治150年」が問いかけるもの』岩波書店、二〇一八年で若干触れている。本章では、それらを一部加筆・修正のうえで利用している。
(16) 朝鮮軍司令官森岡守成「聖上陛下御不例ニ関スル一般民情ノ件」一九二六年一二月二四日、JACAR:Ref. C10050066800、昭和1~2年 大正天皇陸特綴 其1 1/4(防衛省防衛研究所)。
(17) 同右。
(18) 平壌地方法院検事正「御大礼当日ノ状況ニ関スル件報告」一九二八年一一月一一日、法務局刑事課『昭和六年 恩赦ニ関スル雑書綴』CJA0004029、韓国・国家記録院所蔵。引用文中の「鮮人」は朝鮮人に対する差別的な呼称である(内海愛子ほか編『朝鮮人差別とことば』明石書店、一九八六年)。

(19) 平壌地方法院検事正「御大礼奉祝状況ニ関スル件報告」一九二八年一一月一五日、法務局刑事課『昭和六年　恩赦ニ関スル雑書綴』CJA0004029、韓国・国家記録院所蔵。
(20)『釜山日報』一九二八年一〇月二四日付。
(21) 前掲「御大礼当日ノ状況ニ関スル件報告」一九二八年一一月一一日。
(22) 前掲「御大礼奉祝状況ニ関スル件報告」一九二八年一一月一五日。
(23)「講和成立ト民情」一九一九年七月一六日、『不逞団関係雑件　朝鮮人ノ部　在内地　八』国外抗日運動資料日本外務省記録、韓国史データベース http://db.history.go.kr/id/haf_114_0080(二〇二一年三月二八日アクセス)。
(24) 同右。
(25) 両班とは朝鮮王朝時代の支配層のことである。朝鮮王朝は朱子学が支配理念とされており、支配層は儒教を学んでいた。儒教を学ぶ人びとは儒生と呼ばれた。
(26) 陸軍省「地方民情彙報」一九一九年一〇月二一日付、『朝鮮騒擾事件関係書類(4)』功勳電子資料館ウェブサイト http://e-gonghun.mpva.go.kr/portal/url.jsp?ID=PV_JS_0004_00000121(二〇二一年三月二八日アクセス)。韓国史データベースの引用方法にならった。
(27)「騒擾ノ影響ニ関スル件報告」(京畿道長官松永武吉→朝鮮総督府政務総監山県伊三郎、一九一九年五月二八日)『大正八年　騒擾事件ニ関スル道長官報告綴　七冊ノ内六』韓国史データベース http://db.history.go.kr/id/pro_006_0360(二〇二一年三月二八日アクセス)。
(28) 同右。
(29)「不敬罪　夫泰煥　高永禧方」『不敬犯罪綴』一九二八年、CJA0002446、韓国・国家記録院所蔵、二九四～二九七頁。
(30)「不敬罪　李奉根」前掲『不敬犯罪綴』二九九～三〇一頁。
(31)「不敬罪　崔庸皖」前掲『不敬犯罪綴』三七四頁。
(32) 前述のとおり、朝鮮人に対する同化政策は、一九三七年の日中戦争の全面化以降、朝鮮人を戦争に協力させる動員体制づくりのために一層強化される(「皇民化」政策)。「皇民化」政策は歴史教科書でもとりあげられることが多く、植民地支配の暴力を象徴する政策として広く知られている。本章は、天皇への忠誠を強要する強権的支配が、決して戦時期のみに限定されるものではないことを具体的に示すことを試みた。

(33) 本コラムについては、前掲糟谷憲一『朝鮮半島を日本が領土とした時代』など参照。

●第三章

(1) 原田正純『水俣が映す世界』日本評論社、一九八九年、七~八頁。また、色川大吉編『水俣の啓示——不知火海総合調査報告』上・下、筑摩書房、一九八三年など参照。また、原田の著作をはじめとした水俣病研究においては、水俣病の背景に朝鮮植民地支配があることが指摘されてきた。

(2) 岡本達明・松崎次夫編『聞書水俣民衆史5 植民地は天国だった』草風館、一九九〇年、一一二~一一三頁。

(3) 同右、一二九頁。

(4) 「徹底追跡 チッソだけがなぜ?」『文藝春秋』第五一巻一五号、一九七三年一〇月、三〇八頁。

(5) 前掲岡本達明ほか『聞書水俣民衆史5』三〇三頁。

(6) 拙稿「朝鮮植民地支配と公害——戦時期の黄海道鳳山郡を中心に」『史海』第六一号、二〇一四年。拙稿「近代日本と植民地の公害」『環境思想・教育研究』第一一号、二〇一八年。本章の大部分は、以上の拙稿を加筆・修正のうえで、再構成したものである。また、韓国での代表的研究は、＊梁知恵「日帝時期日本窒素肥料株式会社の産業公害問題と「植民地性」」『歴史問題研究』第三六号、二〇一六年一〇月。

(7) 前掲梁知恵「日帝時期日本窒素肥料株式会社の産業公害問題と「植民地性」」三三六頁。

(8) 同右、三三六~三三七頁。

(9) 小田康徳「工場法と公害行政の展開」日本近代法制史研究会編『日本近代国家の法構造』木鐸社、一九八三年、小田康徳『近代日本の公害問題——史的形成過程の研究』世界思想社、一九八三年。日本本国では府県ごとに置かれた工場監督官が、工場法に基づいて工場公害への改善措置をとった。

(10) 同法が朝鮮で適用外とされたのは、企業への規制を日本本国より緩和することで、日本資本を誘致しようとする朝鮮総督府の意図があった。なお、朝鮮における工場法制定の論議については、宣在源「法的制度の論議――工場法制定の試みと失敗」同『近代朝鮮の雇用システムと日本――制度の移植と生成』東京大学出版会、二〇〇六年を参照。

（11）山崎俊雄「都市公害」神岡浪子編『近代日本の公害』新人物往来社、一九七一年。また、この点に関連して、小田が日本本国の公害発生原因の推移を分析し、一九三五年前後に「粉塵」を原因とするものが減少していることを示しているのは、興味深い。この時期、公害防止の焦点はむしろ化学工業に移っていたという（前掲小田康徳『近代日本の公害問題』一六一～一六三頁）。

（12）前掲梁知恵「日帝時期日本窒素肥料株式会社の産業公害問題と「植民地性」」三三一頁。

（13）以下、姜在彦編『朝鮮における日窒コンツェルン』不二出版、一九八五年。河合和男・尹明憲『植民地期の朝鮮工業』未來社、一九九一年など参照。

（14）前掲原田正純『水俣が映す世界』九頁。

（15）飯沼二郎『朝鮮総督府の米穀検査制度』未來社、一九九三年。藤原辰史『稲の大東亜共栄圏――帝国日本の〈緑の革命〉』吉川弘文館、二〇一二年なども参照のこと。

（16）前掲岡本達明ほか『聞書水俣民衆史5』五九～六〇頁。

（17）前掲姜在彦編『朝鮮における日窒コンツェルン』二八九～二九二頁。

（18）『北鮮時事新報』一九二八年九月二八日付。

（19）以下、ダム建設のための土地買収過程については、堀内稔「長津江水電と土地紛争」『朝鮮民族運動史研究』第二号、一九八五年に基づく。

（20）『東亜日報』一九二九年三月二三日付。

（21）前掲岡本達明ほか『聞書水俣民衆史5』三三三頁。

（22）梁知恵（李玲実訳）「植民地期朝鮮における日本窒素の水力発電所建設と「開発難民」問題――水没民・火田民再定着事業を中心に」『日韓相互認識』九巻、二〇一九年三月、四七頁。

（23）『東亜日報』一九三四年一〇月二七日付。

(24) 広瀬貞三「水豊発電所建設による水没地問題――朝鮮側を中心に」『朝鮮学報』第一三九号、一九九一年、四頁。
(25) 前掲岡本達明ほか編『聞書水俣民衆史5』三七頁。
(26) 前掲広瀬貞三「水豊発電所建設による水没地問題」四頁。
(27) 本項は、拙稿「日窒財閥と朝鮮」『ごんずい』(水俣病センター相思社機関誌)第一五六号、二〇二〇年を加筆・修正したものである。
(28) 朝鮮総督府編『朝鮮総督府始政二十五周年記念表彰者名鑑』一九三五年、一〇七三頁。
(29) 「興南邑市街整理工事費記載の件」『面の廃止関係書類』一九三三年、韓国・国家記録院所蔵、CJA0002985。
(30) 「邑面制第八条第五項の規定による邑面の指定に関する件(興南面)」『改正地方制度関係書類』一九三〇年、韓国・国家記録院所蔵、CJA0002879、一二三三頁。
(31) 朝鮮新聞社編『朝鮮人事興信録』一九三五年、三四三頁。
(32) 前掲「邑面制第八条第五項の規定による邑面の指定に関する件(興南面)」、一二三三頁。
(33) 『東亜日報』一九三三年四月二八日付。
(34) 「興南邑公益質屋資金起債の件」『邑面起債認可書類』一九三四年、韓国・国家記録院所蔵、CJA0003039、四〇九頁。
(35) 「昭和七年度興南邑会議録」『邑面起債認可書』一九三二年、韓国・国家記録院所蔵、CJA0002930、八三七~八三八頁。
(36) 前掲岡本達明ほか『聞書水俣民衆史5』一四六頁。本項の内容は、拙稿「「明治150年」と朝鮮」日本史研究会・歴史科学協議会・歴史学研究会・歴史教育者協議会編『創られた明治、創られる明治――「明治150年」が問いかけるもの』岩波書店、二〇一八年で一部言及したことがある。本項の一部はそれを加筆・修正して利用したものである。
(37) 前掲岡本達明ほか『聞書水俣民衆史5』九四頁。
(38) 宋連玉・金栄『軍隊と性暴力――朝鮮半島の20世紀』現代史料出版、二〇一〇年。金富子・金栄『植民地遊廓――日本の軍隊と朝鮮半島』吉川弘文館、二〇一八年。吉見義明『買春する帝国――日本軍「慰安婦」問題の基底』岩波書店、二〇一九年。なお、本書では吉見の提起にしたがい、「買」の字を先にした「性買売」の語を用いる(三頁)。

(39) 前掲岡本達明ほか『聞書水俣民衆史5』一五三〜一五八頁。
(40) この点については、及川英二郎「水俣病事件に学ぶ」『史海』六一号、二〇一四年参照。
(41) 「第一三回咸興府会会議録」(一九三四年)『咸興府関係書類』CJA0003067、韓国・国家記録院所蔵、二〇四〜二〇五頁。
(42) 『東亜日報』一九三五年九月四日付。
(43) 「咸興府助興税設定の件」(一九三四年)『咸興府関係書類』CJA0003067、韓国・国家記録院所蔵に含まれている予算案に基づいて記述する。現段階では予算しか入手できなかったが、予算は前年度の決算を前提に組まれているので、大まかな傾向は捉えられる。
(44) それ以外の主要な財源を示せば、使用料手数料(そのほとんどが水道・市場使用料)八万六五〇九円、雑収入一万九四八三円、収入証紙収入一万六七二円などであった。
(45) 臨時的な税として土地坪数割・臨時土地税・臨時建物税・臨時特別戸割税があり、計三万二五八円が計上されていた。
(46) 芸妓置屋業の収入は二万二〇〇〇円と見積もられ、課税率は一万分の六〇だったので、一三二円二〇銭が算出された。その上で、この九二%が予算に計上された。
(47) 貸座敷業の収入は一二万一四九一円と見積もられ、課税率は一万分の六七だったので、八一三円九八銭が算出された。その上で、この九二%が予算に計上された。
(48) 芸妓(一六歳以上)一〇〇八円(一人あたりの賦課額二円×四二人×一二カ月)、芸妓(一六歳未満)三六円(一人あたりの賦課額一円×三人×一二カ月)、芸妓業娼妓五六四円(一人あたりの賦課額一円×四七人×一二カ月)。三種の合計は一六〇八円である。この九二%が予算として計上された。
(49) 前掲「咸興府助興税設定の件」二二頁。一九三〇年前後の朝鮮では、都市部の地方行政団体において助興税の導入が進められたが、そうした中で咸興府でも新設されたのである。なお、日本本国では一九二〇年頃から、地方税として遊興税の導入が進んでいたが、これに類似したものとして朝鮮の地方財政の財源として助興税が構想されたのである。
(50) 当時、制限選挙によって選出されていたので、人口としては圧倒的多数を朝鮮人が占めていたにもかかわらず、有権者は日本人が朝鮮人を上回っていた。議員の内訳は、日本人一二人、朝鮮人一一人であった。なお、府会は議決機関ではあったが、その機能は制限されていた。

(51) 内田は、『咸鏡南道の事業と人物名鑑』(一九二七年)によれば、「大正四年元山に移住し、更らに咸興に転じよか楼と称して料理屋を開業し後貸座敷を免許せらる、や之を現住地に開業し、爾来今日に及ぶ。客室の完備と別嬪揃ひの点に於て第一位を占め、大に信用を博す。氏は多年同組合長として業務の改善に努力し、又咸興消防副組頭の要職を勤め」たという(七一頁)。また、池田は、一九三四年府会にて、料理屋を経営していることを明らかにしている(前掲「第一三回咸興府会会議録」)。さらに池田は、『咸鏡南道の事業と人物名鑑』(一九二七年)には長年旅館を経営してきたと記載されている(八〇頁)。

(52) 前掲「第一三回咸興府会会議録」二〇三~二〇七頁。

(53) 日本経営史研究所編『小野田セメント百年史』一九八一年、二〇九~二一一頁。

(54) 同右、三六一頁。『大阪毎日新聞』朝鮮版、一九三四年八月三〇日付。

(55) 『東亜日報』一九三七年六月三〇日付。

(56) 『毎日申報』一九三七年七月六日付。

(57) 日本の渋沢栄一・浅野総一郎らは朝鮮の鉱山利権獲得を進め、一九〇〇年八月には稷山金鉱採掘利権を獲得した(広瀬貞三「19世紀末日本の朝鮮鉱山利権獲得について」『朝鮮史研究会論文集』第二二号、一九八五年)。一九〇五年にはアメリカ人との共同経営となり、一九〇七年以来は成績不振に陥った([美国人経営の稷山金鉱社員賃金支払訴訟事件顛末報告の件]一九〇九年四月一二日『統監府文書』第六巻、http://db.history.go.kr/item/level.do?levelId=jh_096_0010_2690、二〇二一年九月一七日閲覧、[ ]内は史料集編者の付けたタイトルである)。一九〇八年にはアメリカ人側が同金鉱の財産を差し押さえた。そして、一九一一年にはアメリカのバージニア州において稷山金鉱株式会社が創立され、一九一七年より創業を開始していた(朝鮮総督府殖産局鉱山課編『朝鮮の金銀鉱業』一九三六年、一四六頁)。

(58) 『釜山日報』一九一八年四月二四日付。なお、記事では、金鉱側が河川取締規則(朝鮮総督府府令第四六号、一九一四年四月二七日制定)に違反している可能性が指摘されていた。

(59)『釜山日報』一九一八年四月一七日付。

(60)『黄海道々勢一班』一九三五年、一〇～一三、三四～三五頁を参照。鳳山郡では、沙里院邑に日本人人口の多くが集中していた一方で、それ以外の面部の大部分は朝鮮人で占められていたと考えられる。

(61)浅野セメント株式会社編『浅野セメント沿革史』一九四〇年、四四四～四四六頁。

(62)『東亜日報』一九三七年七月八日付。

(63)同右。

(64)『東亜日報』一九三七年七月七日付。

(65)『東亜日報』一九三七年八月二八日付。

(66)『東亜日報』一九三七年七月二一日付。『朝鮮日報』一九三八年五月六日付。

(67)『東亜日報』一九三八年三月一四日付。

(68)『朝鮮日報』一九三八年三月三一日付。

(69)『朝鮮日報』一九三八年五月五日付。

(70)『大阪朝日新聞　朝鮮西北版』一九三八年五月二一日付。

(71)『朝鮮日報』一九三八年五月六日付。

(72)この記事のタイトルは「浅野工場襲撃事件真相」だが、韓国史データベースにしか掲載されていない(朝刊二面)。東亜デジタルアーカイブ(https://www.donga.com/archive/)では、朝刊二面が別の内容となっている。二つの版があるようである。なお、他の記事でも同じ問題が確認できるが、代表例としてここで注記した。

(73)『朝鮮日報』一九三八年五月二五日付。

(74)『朝鮮日報』一九三八年五月二三日付。

(75)『朝鮮日報』一九三八年五月三〇日付。

(76)なお、この三人は『朝鮮日報』一九三八年六月九日付で釈放されたと報じられている。

(77)『朝鮮日報』一九三八年七月一日付。

(78)『東亜日報』一九四〇年三月三日付。
(79)前掲『浅野セメント沿革史』三〇六頁。
(80)地方制度については、拙著『植民地期朝鮮の地域変容——日本の大陸進出と咸鏡北道』吉川弘文館、二〇一七年、糟谷憲一「朝鮮総督府の文化政治」大江志乃夫ほか編『岩波講座 近代日本と植民地2 帝国統治の構造』岩波書店、一九九二年、前掲糟谷憲一『朝鮮半島を日本が領土とした時代』、＊孫禎睦『韓国地方制度・自治史研究(上)』一志社、一九九二年、姜再鎬『植民地朝鮮の地方制度』東京大学出版会、二〇〇一年。

●第四章

(1)本章は拙稿「植民地期朝鮮における「労働者移動紹介事業」(1934~1936)——朝鮮内労働力動員政策前史」『日本植民地研究』第二三号、二〇一一年を加筆・修正したものである。
(2)宮田節子「朝鮮における「農村振興運動」——一九三〇年代日本ファシズムの朝鮮における展開」(『季刊現代史』第二号、一九七三年)、五三~五六頁。
(3)『宇垣一成日記 二』みすず書房、一九七〇年、八〇一頁。
(4)同右、八〇二頁。
(5)前掲宮田節子「朝鮮における「農村振興運動」」。また、松本武祝「一九三〇年代における農村振興運動の展開」『植民地権力と朝鮮農民』社会評論社、一九九八年など。
(6)福島良一「宇垣一成における朝鮮統治の方針」堀真清編著『宇垣一成とその時代——大正・昭和前期の軍部・政党・官僚』新評論、一九九九年、一三六~一四四頁。一九三〇~四〇年代における朝鮮「工業化」については、糟谷憲一「戦時経済と朝鮮における日窒財閥の展開」『朝鮮史研究会論文集』第一二号、一九七五年。姜在彦編『朝鮮における日窒コンツェルン』不二出版、一九八五年。河合和男・尹明憲『植民地期の朝鮮工業』未來社、一九九一年。＊金仁鎬『太平洋戦争期朝鮮工業研究』新書院、一九九八年。＊同『植民地朝鮮経済の終末』新書院、二〇〇〇年。許粋烈(保坂祐二訳)『植民地朝鮮の開発と民衆——植民地近代化論、収奪論の超克』明石書店、二〇〇八年(原著は＊同『開発なき開発』銀杏の木、二〇〇五年）など、多数の成果がある。

（7）ただし、朝鮮農民の貧困化の原因は、「土地調査事業」や「産米増殖計画」などの植民地経済政策によるものが大きいという点を見逃してはならない（→コラム4）。

（8）「昭和九年中職業紹介取扱成績」朝鮮総督府内務局『調査月報』第六巻七号、一九三五年七月、一一八頁。

（9）学務局社会課「南鮮過剰人口の北移」朝鮮社会事業協会『同胞愛』一九三六年三月、八四頁。

（10）同右、八六頁。また、総督府嘱託の竹内清一は朝鮮南部の「過剰人口」が日本の労働市場へと流入することで、「内地人労働界を圧迫して、共倒れの憂き目を見なければならなくなる」と述べている。さらに、竹内は、「北鮮開拓の促進ともなり、窮民救済ともなり、延いては内地労働界の失業状態も緩和されるといふ一石三鳥の案」と述べている（竹内清一「朝鮮に於ける労働調整」『朝鮮行政』一九三八年三月、四頁）。

（11）橋本文吉編『朝鮮を語る』一九三五年、二八～二九頁（永島広紀編『植民地帝国人物叢書二一【朝鮮編二】』ゆまに書房、二〇一〇年所収）。

（12）同右、三〇頁。また、宇垣は「接壌地満洲方面に対しては、早かれ晩かれ過剰人口の捌け口を求めて進むべきであった」とし、朝鮮北部への朝鮮人の移住を進めることが、「満洲進出の準備」にもなるとしている。

（13）「朝鮮人移住対策の件」JACAR（アジア歴史資料センター）Ref.A03023591400、『公文別録』・内務省・大蔵省・陸軍省・海軍省・商工省・逓信省・大東亜省・昭和六年～昭和十八年・第一巻（国立公文書館）。

（14）ここでは「内鮮融和」ではなく、「内地融和」という用語が使用されている。同文書には「朝鮮人を指導強化して内地に同化せしむること」との文言があることから、「内地融和」とは「内地」への「同化」を意味していたと考えられる。

（15）朝鮮北部と並んで、満洲が朝鮮人の移民先として念頭に置かれていたことは重要である。松村高夫によれば、一九三〇年代前半において朝鮮総督府は以下の二つの理由から、対満朝鮮人移民を積極的に計画していたという。第一に、「日本人の代行者として、相対的には低い「労働力価値」を有する朝鮮人を移民することが、満洲における「権益」を確保するために従来以上に必要となった」ためである。第二に、「窮乏化した朝鮮人過剰人口を朝鮮から排出することによって、小作争議の頻発にあらわれた朝鮮における矛盾を「解決」せんとした」ためである。ただし、当初、関東軍は対満朝鮮人移民に対して消極的・否定的であった（松村高夫「満州国成立以降における移民・労働政策の形成と展開」満州史研究会編『日本帝国主義下の満州』御茶の水書房、一九七二年、二二六〜二三五頁）。

(16) 満浦線は、「満洲国」との国境である平安北道江界郡満浦鎮と、平安南道順川を結ぶ鉄道である。一九三一年に着工した。

(17) 第二飛行団司令部を会寧に設置し、その所属部隊として飛行第九連隊を同地に設置する方針であった。『毎日申報』一九三五年七月三一日付。

(18) 後述するように、朝鮮総督府は、家族の旅費を無料にするなど、家族の同伴を積極的に奨励していた。

(19) 『朝鮮総督府及所属官署職員録』一九三四年度版。渡邊は一九三三年八月四日、厳は一九三四年一月一六日に就任した（『朝鮮総督府官報』一九三三年八月九日付、一九三四年一月二〇日付）。また、一九三五年度も人事に変更はなく、一九三六年七月一日時点で富永文一学務局長、金大羽社会課長となっている（『朝鮮総督府及所属官署職員録』一九三五年度、一九三六年度版）。なお、この時期、社会課は学務局に置かれていた。一九三二年二月一三日に既存の内務局社会課が学務局へ移っていたのである（『朝鮮総督府官報』一九三二年二月一三日付）。

(20) 『京城日報』一九三四年二月一五日付。

(21) 『京城日報』一九三三年九月二九日付。

(22) 『京城日報』一九三四年二月二四日付。

(23) 土木建築協会の正式名称は「北鮮満鉄土木建築業協会」であり、羅津の土木建築業者たちによってつくられた（羅津商工会『建設途上にある大羅津』一九三五年、八八〜八九頁）。

(24) 『京城日報』一九三四年二月二四日付、三月一〇日付。

(25) 『釜山日報』一九三四年三月一五日付。

(26) 『京城日報』一九三四年三月一八日付。

(27) 『釜山日報』一九三四年三月一五日付。

(28) 『京城日報』一九三四年五月一二日付。

(29) 満鉄工事を請け負った業者の下には、下請業者が存在していた。満鉄から長門組が請け負った採石工事は、「小杉、小泉、Kの三氏」が下請けをしていた。そして、その配下には監督がおり、監督の下には什長がいたという(『朝鮮日報』一九三三年八月二、三日付)。什長については後述。
(30) 『朝鮮日報』一九三三年八月三日付。
(31) 『朝鮮日報』一九三三年八月九日付。
(32) 『東亜日報』一九三四年四月八日付。当時、羅津へは朝鮮南部から直接鉄道がつながっていなかったので、途中から連絡船を利用したと思われる。
(33) 麗水では一〇〇人の募集に対して、二〇〇人の応募があった(『東亜日報』一九三四年五月五日付)。
(34) 『朝鮮日報』一九三四年五月六日付。
(35) 『朝鮮日報』一九三四年四月二一日付。
(36) 『東亜日報』一九三五年七月二五日付。『朝鮮総督府及所属官署職員録』一九三五年度版によれば、姜奎元が道内務部地方課嘱託であることが確認できる。
(37) 『東亜日報』一九三五年四月二七日付。記事には単に「総督府嘱託」と記されているが、『朝鮮総督府及所属官署職員録』一九三四年度版によれば、林炳疇は朝鮮総督府学務局社会課嘱託であることが確認できる。
(38) 『時代日報』一九二五年一一月二〇日付、『中外日報』一九二八年三月一一日付、『中外日報』一九二八年三月二一日付など。
(39) 『東亜日報』一九三三年九月七日。
(40) 満鉄調査部(岡崎弘文)『北鮮三港羅津雄基ノ現状及対策(私見)』一九四〇年、四九頁。
(41) 南満洲鉄道株式会社『朝鮮人労働者一般事情』一九三三年、九八〜九九頁。
(42) 前掲「南鮮過剰人口の北移」八四頁。
(43) 『東亜日報』一九三四年四月一三日付。
(44) 『東亜日報』一九三四年四月八日付。

(45)『東亜日報』一九三四年四月二三日付。
(46)『東亜日報』一九三四年四月二七日付。
(47)『東亜日報』一九三四年五月八日付。
(48)『朝鮮日報』一九三四年六月一七日付。
(49)『東亜日報』一九三四年七月九日付。
(50)『東亜日報』一九三四年八月三一日付。
(51)『東亜日報』一九三四年五月二〇日付。同会の役員は李洪喜《イホンヒ》ほか一九人であった。
(52)『釜山日報』一九三四年四月二一日付。
(53)『朝鮮日報』一九三五年八月一五日付。
(54)『東亜日報』一九三四年五月三〇日付。
(55)『朝鮮日報』一九三四年一二月二五日付。
(56)『東亜日報』一九三四年六月一六日付。
(57)『北鮮日日新聞』一九三四年五月二〇日付。
(58)『東亜日報』一九三四年五月二九日付。
(59)『東亜日報』一九三五年七月三〇日付。
(60)『北鮮日日新聞』一九三五年七月二七日付。
(61)『東亜日報』一九三五年七月二二日付。
(62)『北鮮日日新聞』一九三五年七月二七日付。
(63)『東亜日報』一九三五年七月三〇日付。
(64)『北鮮日日新聞』一九三五年七月二七日付。
(65)『東亜日報』一九三四年五月二九日付。
(66)「北鮮三港の現状及対策」南満洲鉄道株式会社調査部『交通部門関係資料』一九三七年、四四九～四五一頁。

(67)拙著『植民地期朝鮮の地域変容――日本の大陸進出と咸鏡北道』吉川弘文館、二〇一七年、一五六～一五七頁。
(68)『満洲日報』一九三五年六月一二日付。
(69)『東亜日報』一九三五年七月二三日付。
(70)『東亜日報』一九三五年七月三〇日付。
(71)『東亜日報』一九三五年九月七日付、九月二〇日付。全羅北道井邑でも、旱害の罹災民七〇人を日雇労働者として、羅津に送ったことが報じられている(『東亜日報』一九三五年一〇月二七日付)。
(72)『東亜日報』一九三五年一二月二七日付。この千余人という数は同伴家族を含んでいる可能性がある。表2では一九三五年に羅津へ動員されたのは労働者七二〇人、家族三四六人、計一〇六六人とされているからである。ただし、千余人という数字はあくまでも三五年夏に動員された人数といわれており、春に動員された数字は含まれていない可能性もある。したがって実際に動員された人数が、表2の数字を上回る可能性もある。
(73)同右。
(74)『東亜日報』一九三六年八月一二日付。
(75)『朝鮮新聞』一九三六年四月一〇日付。
(76)『朝鮮日報』一九三六年五月一三日付。
(77)山田昭次・樋口雄一・古庄正『朝鮮人戦時労働動員』岩波書店、二〇〇五年、一一～一二頁。こうした点を踏まえて、「朝鮮人強制連行・強制労働」や「朝鮮人強制動員」などの用語が使われることもある。
(78)朝鮮内動員の代表的研究をあげれば以下の通りである。＊許粹烈「朝鮮人労働力の強制動員の実態――朝鮮内での強制動員政策の展開を中心に」(車基壁編『日帝の韓国植民統治』正音社、一九八五年)、広瀬貞三「植民地期朝鮮における官斡旋土建労働者――道外斡旋を中心に」『朝鮮学報』第一五五輯、一九九五年、広瀬貞三「「官斡旋」と土建労働者――「道外斡旋」を中心に」『朝鮮史研究会論文集』第二九号、一九九一年、＊郭健弘『日帝の労働政策と朝鮮労働者――1938～1945』新書院、二〇〇一年、＊イ・サンウィ『日帝下朝鮮の労働政策研究』ヘアン、二〇〇六年。さらに筆者が本章の元となった二〇一一年の前掲論文を発表して以降、関連研究が進められている。本章が扱った時期の朝鮮内農業移民政策の研究として、洪昌極「植民地期における朝鮮内農業移民政策と干拓事業」『朝鮮史研究会論文集』第五四号、二〇一六年が出された。また、「労働者移動紹介事業」の炭鉱への斡旋については、森山博章「「労働者移動紹介事業」と朝鮮人炭鉱労働者――咸鏡北道の有煙炭鉱を事例に」『朝鮮史研究会論文集』第五九号、二〇二一年が明らかにしている。

(79) 前掲広瀬貞三「植民地期朝鮮における官斡旋土建労働者――道外斡旋を中心に」。

(80) 社団法人京城土木建築業協会「労働者斡旋に関する綱領」一九三七年三月(『植民地社会事業関係資料集〈朝鮮編〉』近現代資料刊行会、第二一巻、一九九九年所収)。

(81) 京城土木建築業協会の前身である朝鮮土木建築業協会は一九二二年に創立されたが、一九三二年六月の土木談合事件で関係者のほとんどが逮捕されたため、一九三四年三月に解散された。それから一年半後の一九三六年九月八日に朝鮮内の土木業者三八人(社)が参加して京城土木建築業協会が成立した(前掲広瀬貞三「「官斡旋」と土建労働者」一一八〜一一九頁)。

(82) 「官斡旋」政策の詳細は、前掲広瀬貞三「植民地期朝鮮における官斡旋土建労働者」「「官斡旋」と土建労働者」の二論文を参照。なお、広瀬は後者の論文で「移動紹介事業」について簡潔に述べたうえで、同事業が「官斡旋」政策のモデルになったと指摘している(一一七頁)。

(83) 「職業紹介事業成績(昭和一二年度)」(朝鮮総督府内務局『調査月報』第一〇巻第一号、一九三九年一月)。

(84) 大蔵省管理局『日本人の海外活動に関する歴史的調査』朝鮮編第九分冊、一九五〇年、七一頁。

(85) 前掲社団法人京城土木建築業協会「労働者斡旋に関する綱領」。

(86) 前掲広瀬貞三「植民地期朝鮮における官斡旋土建労働者」。

(87) ただし、動員方式がどのように連続しているのかについては、今後さらに詳細な検討が必要である。

(88) 樋口雄一『戦時下朝鮮の農民生活誌――一九三九〜一九四五』社会評論社、一九九八年、一一頁。

(89) 前掲山田昭次ほか『朝鮮人戦時労働動員』四六〜四七頁。

(90) 本コラム全体の参考文献は、*姜萬吉『日帝時代貧民生活史研究』創作社、一九八七年、*同『二〇世紀我々の歴史』創作と批評社、一九九九年である。また、本コラムの一部の内容は、拙著「問われているのは日本の植民地支配への反省」内海愛子ほか編『日韓の歴史問題をどう読み解くか』新日本出版社、二〇二〇年を踏まえたものである。

(91)「土地調査事業」の研究としては、＊韓国歴史研究会土地台帳研究班『日帝の昌原郡土地調査と帳簿』ソニン、二〇一一年。＊同『日帝の昌原郡土地調査事業』ソニン、二〇一三年などを参照。

(92)許粹烈(韓国独立運動史研究所訳)『「植民地近代化論」、何が問題なのか――金堤・萬頃平野の事例から考える』韓国独立記念館、二〇一七年。

●第五章

(1)以下の「裏日本」に関しては、古厩忠夫『裏日本――近代日本を問いなおす』岩波新書、一九九七年、芳井研一『環日本海地域社会の変容――「満蒙」・「間島」と「裏日本」』青木書店、二〇〇〇年、阿部恒久『「裏日本」はいかにつくられたか』日本経済評論社、一九九七年に基づく。なお「裏日本」に関する記述は、拙稿「朝鮮植民地支配と国境地帯――会寧を中心に」『史海』第六六号、二〇一九年を大幅に加筆・修正したものである。

(2)小林力三編『新潟商工会議所六十周年史』一九五八年および、前掲芳井研一『環日本海地域社会の変容』。

(3)以下、羅津の都市・港湾建設に関する記述は、拙稿「植民地期朝鮮における「市街地計画」――咸鏡北道羅津の事例を中心に」(『朝鮮学報』第二一七号、二〇一〇年)の一部、そして、同論文を大幅に加筆・修正して収録した拙著『植民地期朝鮮の地域変容――日本の大陸進出と咸鏡北道』吉川弘文館、二〇一七年、第二部第一章の一部を踏まえたものである。詳細については、それらの文献を参照されたい。

(4)羅津府・羅津商工会議所「羅津府勢拡充ニ関スル要望事項」一九四二年、『関税税務庶務監視』CJA0004016、韓国・国家記録院所蔵、二二九頁。

(5)『大京城座談会速記録』京城都市計画研究会、一九三八年、一〇～一一頁。

(6)中野正剛『我が観たる満鮮』政教社、一九一五年、五四頁。

(7)広瀬貞三「一九一〇年代の道路建設と朝鮮社会」『朝鮮学報』第一六四号、一九九七年、二三～二四頁。

(8) 同右、三七頁。
(9) 前掲中野正剛『我が観たる満鮮』五四～五五頁。
(10) 前掲広瀬貞三「一九一〇年代の道路建設と朝鮮社会」二四～二五頁。
(11) 『満洲日報』一九三三年九月一八日付。
(12) 詳細は前掲拙著『植民地期朝鮮の地域変容』第二部第一章。
(13) 高倉馨「羅津の都市建設に就て」全国都市問題会議『都市計画の基本問題(下)』一九三八年、二五五頁。
(14) 『東亜日報』一九三五年八月五日付。
(15) 『東亜日報』一九三五年八月二七日付。
(16) 『東亜日報』一九三五年九月一五日付。
(17) 『東亜日報』一九三五年一〇月一五日付。
(18) 『毎日申報』一九三六年五月三〇日付。
(19) この措置の法的根拠は前掲拙著『植民地期朝鮮の地域変容』では、朝鮮市街地計画令第四七条に基づくものであろうと述べた(一五二頁)。これに対して松本武祝は拙著への書評で、国有地である河川敷地の占拠は「不法」とされていたことから、朝鮮市街地計画令第四七条を根拠とせずとも強制執行が可能であることを考慮すべきであると指摘している(『歴史評論』第八一九号、二〇一八年)。たしかにその可能性はあるものの、現段階ではいずれかは確定できない。ただし、河川敷地などの「不法」とされた地域を除いた市街地計画施行区域では、朝鮮市街地計画令第四七条が適用されたものと考えられる。
(20) 『毎日申報』一九三六年七月二一日付。
(21) 『東亜日報』一九三六年八月一日付。
(22) 『東亜日報』一九三六年八月一、二日付。
(23) 『東亜日報』一九三六年八月四日付。
(24) 『東亜日報』一九三六年八月九日付。

(25)『毎日申報』一九三六年八月二三日付。
(26)『朝鮮日報』一九三七年五月一日付。
(27)前掲高倉馨「羅津の都市建設に就て」二五五頁。
(28)孫禎睦(西垣安比古・市岡実幸訳)『日本統治下朝鮮都市計画史研究』柏書房、二〇〇四年、三三一〜三三八頁。
(29)『東亜日報』一九五四年八月三一日付。
(30)「第四回羅津府会会議録写」地方課『昭和十二年度羅津府一般経済関係書綴』CJA0003280、韓国・国家記録院所蔵、八七頁、一六〇頁。
(31)羅津の漁村については、拙稿「植民地期朝鮮における港湾「開発」と漁村——一九三〇年代の咸北羅津」『人民の歴史学』第一九〇号、二〇一一年と、それを加筆修正した前掲拙著『植民地期朝鮮の地域変容』第二部第二章を踏まえたものである。
(32)『朝鮮日報』一九三六年一〇月二九日付。
(33)『中央日報』一九三二年四月一一日付。
(34)「羅津邑ニ関スル調査ノ件」(一九三六年)『昭和十一年度歳入出計画書』CJA0003231、韓国・国家記録院所蔵。
(35)『東亜日報』一九三二年一二月二九日付、一九三三年一月五日付。
(36)『東亜日報』一九三四年五月八日付。
(37)板垣竜太『朝鮮近代の歴史民族誌——慶北尚州の植民地経験』明石書店、二〇〇八年など参照。
(38)＊池秀傑「日帝下の地方統治システムと郡単位「官僚—有志支配体制」——尹海東著『支配と自治』(歴史批評社、二〇〇六)に対する論評」『歴史と現実』第六三号、二〇〇七年。
(39)本項と次項は、拙稿「朝鮮東北部・雄基港における交易の変容——一九世紀後半から一九二〇年代まで」君島和彦編『近代の日本と朝鮮——「された側」からの視座』東京堂出版、二〇一四年とそれを加筆修正の上で収録した前掲拙著『植民地期朝鮮の地域変容』第一部の一部を、さらに加筆・修正したものである。
(40)酒井裕美「朝清陸路貿易の改編と中江貿易章程——甲申政変以前朝清関係の一側面」『朝鮮史研究会論文集』第四六

号、二〇〇八年。

(41) 前掲芳井研一『環日本海地域社会の変容』二一一頁。

(42) ＊高丞嬉「一九世紀後半咸鏡道辺境地域と沿海州の交易活動」『朝鮮時代史学報』第二八号、二〇〇四年、一六七〜一七二頁。

(43) 「雄基湾並ニ慶興視察復命書」（元山領事館書記生高雄謙三→元山領事館二等領事二口美久、一八九六年七月一三日付）『駐韓日本公使館記録』。韓国史データベース http://www.history.go.kr/url.jsp?ID=NIKH.DB-jh_010_0040_0160（二〇二一年三月二八日アクセス）。

(44) ロシア大蔵省（日本農商務省訳）『韓国誌』亜細亜文化社、一九八五年、一八三頁（原史料は一九〇五年刊）。

(45) 「北道状況視察復命書」元山領事館書記生高雄謙三→元山領事館二等領事二口美久、一八九七年八月二八日（「朝鮮国北関吉州臨湖へ露国船舶出入密貿易ノ事実取調一件」JACAR:Ref.B10073668800、『朝鮮国北関吉州臨湖へ露国船舶出入密貿易ノ事実取調一件』（B-3-1-5-16）（外務省外交史料館）、三九〜四〇画像目）。

(46) 農商務省農務局編『韓国土地農産調査報告　咸鏡道』一九〇七年、一〇三頁。

(47) ＊「報告書第六号」慶興監理署理李喆栄→議政府賛政大臣朴齊純、一九〇四年三月八日（「慶興港案」国史編纂委員会『各司謄録』四三、咸鏡道篇二、一九九〇年、六七四頁）。

(48) ＊「指令第三十三号」外部大臣臨時署理李道宰→慶興港監理朴義秉、一八九八年一〇月七日（「慶興報牒」前掲『各司謄録』四三、五八八頁）。

(49) ＊「質稟書第十七号」慶興監理黄祐永→外部大臣李道宰、一九〇三年八月二六日（「慶興報牒」前掲『各司謄録』四三、六三二〜六三三頁）。漢字・ハングル混じり文を意訳した。

(50) 「港湾取調報告書提出ノ件」（在城津分館川上立一郎→外務大臣小村寿太郎、一九〇四年五月二日）の添付文書（「沿岸貿易ニ適当ナル韓国各地ノ港湾及津浦取調報告方訓令一件」、JACAR:Ref.B10073423800、『沿岸貿易ニ適当ナル韓国各地ノ港湾及津浦取調報告方訓令一件』（B-3-1-1-33）（外務省外交史料館）、三四画像目）。

(51) 「六鎮地方情況報告提出ノ件」（在城津分館主任川上立一郎→特命全権公使林権助、一九〇三年一一月二〇日）『駐韓日

本公使館記録』第二〇巻、http://db.history.go.kr/item/level.do?levelId=jh_020_0110_0090（二〇二一年三月二八日アクセス）。
(52) 本項は、前掲拙著『植民地期朝鮮の地域変容』第一部参照。
(53) 糟谷憲一『朝鮮半島を日本が領土とした時代』新日本出版社、二〇二〇年、一五五～一六四頁、一七五～一七六頁などを参照。
(54) 本項と次項は、拙著「一九二〇～三〇年代朝鮮における地域社会の変容と有力者・社会運動――咸鏡北道雄基を対象として」『商学論纂（吉見義明教授古稀記念論文集）』〈中央大学〉第五八巻第五・六号、二〇一七年三月の一部を加筆・修正したものである。
(55) 『東亜日報』一九二四年二月五日付。
(56) 前掲拙著「一九二〇～三〇年代朝鮮における地域社会の変容と有力者・社会運動」五四～五六頁。
(57) 岡庸一『雄基案内』鮮満各地宣伝図書出版部、一九二六年、一七頁。
(58) 『東亜日報』一九三一年一一月二一日付。
(59) 雄基商工会『雄基の全貌』一九三七年、一〇六頁。
(60) 同右、三六頁。
(61) 『東亜日報』一九三一年二月四日付。
(62) 『東亜日報』一九二九年一月一二日付、一九三六年六月二三日付。
(63) 『東亜日報』一九三一年一〇月四日付。
(64) 『東亜日報』一九三二年三月一一日付。
(65) 『中央日報』一九三二年三月二八日付。
(66) 『朝鮮中央日報』一九三三年八月一三日付、同年同月一六日付。
(67) 『東亜日報』一九二九年一月一二日付。劉金鳳は解放後には左派の民主主義民族戦線の中央委員を務めた（『朝鮮日報』一九四六年三月二三日付）。劉金鳳は、解放後に「勤労大衆に完全な自由がもたらされれば、女性にも完全な自由がもたらされる」といった趣旨の主張をしている(『独立新報』一九四六年一一月一六日付)。
(68)『東亜日報』一九三一年四月一五日付。
(69)『中外日報』一九三〇年二月九日付。
(70)『東亜日報』一九三一年四月九日付。
(71)『東亜日報』一九三一年四月二一日付、同年五月一日付、同年同月五日付。
(72)『東亜日報』一九三二年一〇月一一日付、同年一一月二日付。
(73)『毎日申報』一九三三年三月二四日付。
(74)前掲『雄基の全貌』一〇七頁。
(75)*池秀傑『日帝下農民組合運動研究――一九三〇年代革命的農民組合運動』歴史批評社、一九九三年。
(76)本項は拙著「豆満江の境界史」『史潮』第八六号、二〇一九年の一部を加筆・修正したものである。
(77)李盛煥『近代東アジアの政治力学――間島をめぐる日中朝関係の史的展開』錦正社、一九九一年、一二頁。
(78)同右、一四~一五頁。
(79)同右、三二~三三頁。
(80)同右、三九頁。
(81)『皇城新聞』一九〇六年八月二四日付。
(82)『皇城新聞』一九〇六年四月二〇日付。
(83)前掲芳井研一『環日本海地域社会の変容』四二~四三頁。
(84)前掲李盛煥『近代東アジアの政治力学』八七~九〇頁。前掲芳井研一『環日本海地域社会の変容』五二~五四頁。
(85)前掲李盛煥『近代東アジアの政治力学』一〇六~一〇七頁。
(86)同右、一一四~一一五頁。
(87)統監府臨時間島派出所残務整理所『統監府臨時間島派出所紀要』一九一〇年、三〇八頁。
(88)「一三 官制改正後一年間ニ於ケル治安情況」一九一〇年、JACAR:Ref.B03041598300、『朝鮮人ニ対スル施政関係雑

件』(1-5-3-15_001)(外務省外交史料館)、二八画像目。前掲拙稿「朝鮮植民地支配と国境地帯」。

(89)南満洲鉄道株式会社庶務部調査課編『吉会鉄道関係地方調査報告書』第三輯、一九二八年、四〇七頁。前掲拙著『植民地期朝鮮の地域変容』一一三頁。

(90)「地方騒擾ニ関スル件」(咸鏡北道長官上林敬次郎→朝鮮総督長谷川好道、一九一九年三月三十一日)『大正八年 騒擾事件ニ関スル道長官報告綴 七冊ノ内四』韓国史データベース http://db.history.go.kr/id/pro_004_0320(二〇二一年三月二八日アクセス)。

(91)「地方騒擾ニ関スル件」(咸鏡北道長官上林敬次郎→政務総監山県伊三郎、一九一九年四月二十九日)『大正八年 騒擾事件ニ関スル道長官報告綴 七冊ノ内五』韓国史データベース http://db.history.go.kr/id/pro_005_0540(同右)。

(92)「地方騒擾ニ関スル件」(咸鏡北道長官上林敬次郎→政務総監山県伊三郎、一九一九年五月五日)『大正八年 騒擾事件ニ関スル道長官報告綴 七冊ノ内五』韓国史データベース http://db.history.go.kr/id/pro_005_0650(同右)。

(93)「地方騒擾ニ関スル件」(咸鏡北道長官上林敬次郎→政務総監山県伊三郎、一九一九年六月五日)『大正八年 騒擾事件ニ関スル道長官報告綴 七冊ノ内七』韓国史データベース http://db.history.go.kr/id/pro_007_0390(同右)。

(94)同右。

(95)梶村秀樹「八・一五以後の朝鮮人民」『梶村秀樹著作集5 現代朝鮮への視座』明石書店、一九九三年。

●おわりに

(1)中塚明・井上勝生・朴孟洙『東学農民戦争と日本——もう一つの日清戦争』高文研、二〇一三年など。

(2)「豚殺し」の歌については、拙稿「コメント」(関東大震災95周年朝鮮人虐殺犠牲者追悼シンポジウム「関東大震災時の朝鮮人大虐殺と植民地支配責任」)『朝鮮大学校学報』第二九号、二〇一九年でとりあげたことがある。ここでの記述は、それを踏まえたものである。なお、姜徳相聞き書き刊行委員会編『時務の研究者 姜徳相——在日として日本の植民地史を考える』三一書房、二〇二一年でも、遊びの囃子言葉としてこの歌の歌詞がとりあげられている(一五頁)。ただし、「豚殺し」の歌というタイトルへの言及はない。

(3) 現在まで続くものとして、「軍艦、朝鮮、ハワイ」とのかけ声で遊ぶ「軍艦じゃんけん」がある。授業で聞いたところ、多くの学生がこのじゃんけんを小学校時代などにやっていたという。

(4) 石牟礼道子『新装版 苦海浄土――わが水俣病』講談社文庫、二〇〇四年、二九八頁。初出は一九六九年。

(5) 岡本有佳・加藤圭木編『だれが日韓「対立」をつくったのか――徴用工、「慰安婦」、そしてメディア』大月書店、二〇一九年。

(6) 君島和彦は一九九〇年代の日韓合同歴史教科書研究会において、日本側の「十五年戦争」概念に対して、韓国の研究者から「十五年戦争といういいかたをするならば、日清・日露戦争のころから五〇年戦争というべきだろう」との批判があったことを紹介している(君島和彦『教科書の思想――日本と韓国の近現代史』すずさわ書店、一九九六年、八一~八二頁)。愼蒼宇は「朝鮮半島の平和的存続を阻害し、「戦争」を恒常化させる支配体制」に関して、一八七〇年代以来の「一四〇年戦争」という視点で議論している(愼蒼宇「「140年戦争」の視座から」国立歴史民俗博物館編『「韓国併合」100年を問う――2010年国際シンポジウム』岩波書店、二〇一一年、三七九頁)。

(7) 梶村秀樹「定住外国人としての在日朝鮮人」『梶村秀樹著作集 第六巻 在日朝鮮人論』明石書店、一九九三年。

(8) 杉原達『越境する民――近代大阪の朝鮮人史研究』新幹社、一九九八年。

あとがき

大学で朝鮮史・日朝関係史を教えるようになってから、七年ほどが過ぎた。この間、日韓関係の「悪化」が報じられ、朝鮮半島全体へのバッシングが継続してきた。教室（またはオンライン）で出会う学生たちは、「なにが本当かわからない」と戸惑った様子を見せた。「韓国文化は好きだけど、歴史はちょっと……」という反応もあった。「韓国って「反日」なんですよね？」という質問も何度となく受けた（「反日」は、日本へのいわれのない反感や嫌悪という意味で使われることが多い）。なかには、外交官にでもなったかのように「徴用工問題に固執する隣国に、どう対処したらいいでしょうか」と話す学生もいた。

テレビやＳＮＳには韓国の芸能人や文化の情報があふれている一方で、「日韓外交問題」がセンセーショナルに報じられる。メディアで「韓国」の話題を見ない日はないが、植民地支配の下で被害を受けた人びとの存在が意識されることはほとんどない。

朝鮮半島の側から、今なお、植民地支配の被害を告発する声があがるのはなぜか。日本社会には、このことを理解するための知識も視点も全くといっていいほど欠けているといえるだろう。

このような状況下で、大学で授業することは決して簡単なことではなかった。植民地支配の問題を学生とともに学び考えるにはどうしたらいいのか、悩みに悩んだ。

徐々に見えてきたのは、植民地支配の問題を一人一人の人生が破壊された問題であり、今も被害に苦しむ人がいる問題だと提起することの重要性である。この視点は新しいものではないが、今の日本社会では繰り返し確認されなければならないだろう(この視点に基づき、岡本有佳・加藤圭木編『だれが日韓「対立」をつくったのか――徴用工、「慰安婦」、そしてメディア』大月書店、二〇一九年を刊行した)。

このような問題意識で史料を読み進め、現地踏査を重ねた結果できあがったのが、本書である。いまだに試行錯誤の最中ではあるが、本書では植民地支配下に置かれた人びとや地域社会の目線から捉えることで、植民地支配のリアルに接近することを目指した。

植民地支配下の一人一人の人間に対する視点や想像力を自分のなかで具体的に確立しようとする際に、朝鮮近現代史や植民地研究、日本軍「慰安婦」問題に関する膨大な蓄積はもちろんのこと、水俣病研究から示唆を受けることが多かった。水俣病について学ぶきっかけは、二〇一一年に東京学芸大学の及川英二郎ゼミ(日本現代史ゼミ)の有志メンバーで水俣を訪問したことだった。その後、ゼミのメンバーとともに、水俣病に関する勉強会や学園祭展示にとりくんだことが、本書へとつながっていった。

水俣病研究の中で、故原田正純医師が、水俣病の原因は「人を人と思わない状況」であると述べたことは、私の心に深く刺さった(『水俣が映す世界』日本評論社、一九八九年)。第三章でも強調したように、水俣病と植民地支配の問題はそれぞれ固有の問題であり、一括りにすることはできない。そのことを確認したうえで、「人を人と思わない状況」という言葉は、今の日本社会の問題点を端的に示しているように思う。植民地支配の問題を人権問題や民族の尊厳の問題ではなく単なる「外交問題」と見たり、被害者側の告発を日本に対する「嫌がらせ」「ヘイト」と捉えたりする風潮の中で、なおさら、この言葉が響くように感じられた。

本書の表題ともなった「日の丸」、そして天皇制の問題を本格的に考えるようになったのは、文化センター・アリランの連続講座で「朝鮮植民地支配と天皇制」というテーマでの講演を依頼されたことがきっかけである(二〇一八年一月開催)。私は、埼玉県立所沢高校在学中に「日の丸」・「君が代」の強制問題を経験したこともあり(一九九九年入学。一九九七年から同校では強制が強化されており、一九九九年には「国旗・国歌法」が成立した)、天皇制や「日の丸」の問題はいつか論じたいと考えていたテーマではあった。しかし、それまでは本格的に調べたこともなかったし、依頼がなければおそらく取り組むこともなかっただろう。ゼロからのスタートだったので、講演にあたってはかなりの準備が必要だったが、貴重な経験となった。まだいくつかの事例を明らかにしたに過ぎないが、きっかけをつくってくださった文化センター・アリランのみなさまに感謝申し上げる。

そして、本書執筆の最大の原動力となったのは、朝鮮民主主義人民共和国を訪問したことであった。現地で案内してくださった方々、同国を訪問する機会をつくってくださった元岩波書店編集者の平田賢一さんに、心よりお礼申し上げる。大学院生時代から朝鮮北部の地域社会史を研究しながらも、現地を一度も訪問したことがなかった私にとって、自らの研究全体を根本から考え直す機会となった。

韓国の歴史研究者との交流も私の視野を広げてくれた。特に、一橋大学・ソウル大学が中心となり一九九八年以来継続してきた日韓歴史共同研究プロジェクトを、二〇一八年度から新たな形で再スタートさせたことは貴重な経験であった。現在、新型コロナウイルス感染症の影響により日韓往来が困難だが、共同研究を粘り強く継続することが重要である。

本書の執筆の際に、大学院ゼミナールに所属する大学院生のみなさんが精力的に研究を進めていることが刺激になった。問題意識を共有しながら議論を積み重ねられたことは大きい。また、学部ゼミナールに所属する学生のみなさんとの議論が大変参考になった。特に、二〇一八年度、二〇二一年度の学部ゼミナールでは、本書の原稿を検討し、貴重な意見を寄せてくれた。また、学部ゼミナール出身の牛木未来さん(一橋大学大学院社会学研究科修士課程)には、本書の校正にご協力いただいた。お礼申し上げる。

学部のゼミ生とともに学びを深める中で、意外な成果も生まれた。学部ゼミナール編の『「日韓」のモヤモヤと大学生のわたし』(大月書店、二〇二一年)である。本書は、ゼミ生の発案で実現した「日韓」問題の入門書である。歴史的事実を整理するとともに、等身大の目線で、いかに歴史と向き合うのかについて、学生一人一人がそれぞれの思いを綴った。植民地支配の問題を他人事ではなく、自分事として考えるための道筋が示されているように思う。ぜひ本書とあわせて読んでいただければ幸いである。

本書の刊行にあたっては、岩波書店の吉田浩一さんに大変お世話になった。執筆の過程で原稿に丁寧なアドバイスをしてくださった。深く感謝申し上げる。

なお、本書は日本学術振興会の科学研究費基盤研究(C)21K00848の成果の一部である。

二〇二一年九月

加藤圭木

加藤圭木
1983年埼玉県生まれ．一橋大学大学院社会学研究科博士後期課程修了．博士(社会学)．一橋大学大学院社会学研究科准教授(朝鮮近現代史・日朝関係史)．『植民地期朝鮮の地域変容――日本の大陸進出と咸鏡北道』(吉川弘文館，2017年)，『だれが日韓「対立」をつくったのか――徴用工，「慰安婦」，そしてメディア』(共編著，大月書店，2019年)，『「日韓」のモヤモヤと大学生のわたし』(監修，大月書店，2021年)など．Fight for Justice 日本軍「慰安婦」問題サイト常任委員．一般社団法人希望のたね基金理事．

紙に描いた「日の丸」 足下から見る朝鮮支配

2021年11月26日　第1刷発行

著　者　加藤圭木《かとうけいき》

発行者　坂本政謙

発行所　株式会社 岩波書店
〒101-8002 東京都千代田区一ツ橋 2-5-5
電話案内 03-5210-4000
https://www.iwanami.co.jp/

印刷・理想社　カバー・半七印刷　製本・中永製本

ISBN 978-4-00-061501-3　　Printed in Japan